54歳おひとりさま。
古い団地で見つけた
私らしい暮らし

はじめに

はじめまして、きんのと申します。現在54歳、築50年超えの古い団地にひとりで暮らしています。

どこにでもいる普通の50代。幸せな家庭を夢見て結婚するも37歳で離婚、手持ちのお金は少なく、この先の人生をどう生きたらいいのか途方にくれました。その後、お金を貯めて40歳で新築マンションを購入し、終のすみかができたと喜んだのも束の間、49歳で母の介護のため手放すことに。人生は山あり谷ありですね。

49歳、人生後半戦に差し掛かろうという時期に、新築で購入したマンションから、周囲に知り合いもおらず、壁も床もボロボロな古い団地の一室へ引っ越すことになった私は、お先真っ暗な気分。

でも考えてみたら、お先真っ暗だと思ったことは、これまで何度もありました。今までだってなんとかなってきたのだから「今度も大丈夫」、いや、「大丈夫に変えてみせる」と思い直したのです。

そこから、古い団地だってなんのそのと、リノベーションとＤＩＹで快適にしたり、友人がいないなら作ればいいと趣味を広げたり……。通勤時間がもったいなくて、52歳で団地近くの職場に転職までしてしまいました。仕事や介護で忙しくしていたら、「自分は不幸せ？」なんて考える暇もありません。お先真っ暗なはずが、住めば都とばかりに、今やすっかりこの地に根を下ろして生活しています。

「団地日記」というブログを開設したのは２０２０年。コロナ禍で母と団地内を散歩していたときに、「この団地も空き室が多くなって寂しい」と母がこぼした一言から始まりました。何度も同じ話を繰り返

すので、「団地のよさをアピールして空き室を減らそう」と、ブログを書くことを思いつきました。

ブログでは、「団地暮らし」「50代の悩み」「今を楽しむコツ」「節約&時短家事」「老後のために今できること」など、ごく普通の50代おひとりさまの身の丈に合った暮らしをありのままに綴っています。

特別なことはなにもなし、ただ前を向いて生きるのみ、と書き続けていましたが、それを面白がって読んでくださるみなさまがいたからこそ、本の出版につながりました。

本書を手に取ってくださり、ありがとうございます。みなさまにちょっとだけ質問です。次の中に当てはまるものはありますか？

・老後に向けて暮らしを小さくしたい
・おひとりさまでこの先が不安
・貯蓄が少なくて老後が心配
・家事や仕事、介護の両立で悩んでいる
・思い描いた人生とは違う道を進まざるを得ない

もし当てはまるものがひとつでもあれば、この本はきっとお役に立てるはず。「こんなふうにも生きていけるのだな」とちょっぴり気持ちが軽くなっていただけたら嬉しいです。

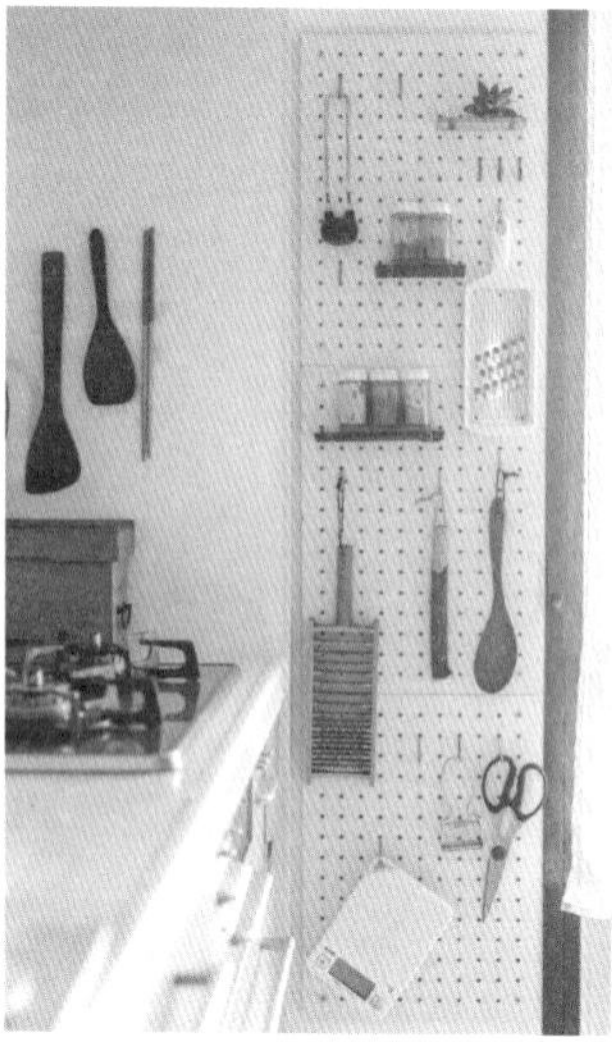

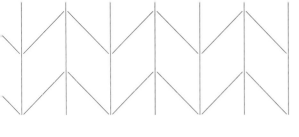

もくじ

第1章　中古団地で見つけた満ち足りた暮らし

第2章　月12万円で年金生活 予習中

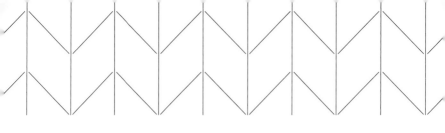

第3章 FP3級の私が考える この先のお金

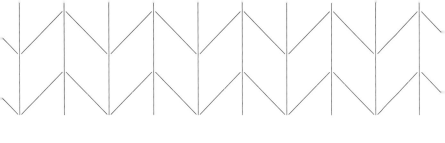

第4章　基準はいつも「わたし」

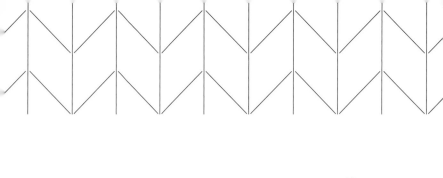

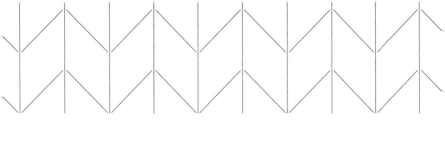

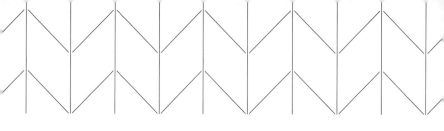

第1章

中古団地で見つけた満ち足りた暮らし

37歳で離婚。老後の安心を求めてマンション購入

今はおひとりさまを謳歌している私にも、結婚していた時期がありました。30代半ばでの結婚。家族、友人、みんなから祝福を受けた結婚式の日は幸せの絶頂でした。ところが、だんだんと二人の仲がうまくいかなくなり、お互いの人生のために前向きに離婚を決意。短い結婚生活でした。

離婚の報告をすると、「もう少し辛抱できなかったの」「結婚に向かない人だね」などと非難されることもあり、結婚式では祝福し、懇意にしてくれていた人さえも手のひらを返すように離れていく。離婚は結婚するよりも大変でした。心も体も疲れ、これからの生活のために必要なお金もなく、心細い日々……。

でも、ひとつだけよいことがありました。離れていく人がいる一方で、助けてくれる人や励ましてくれる人もいたのです。離婚に反対すると思っていた両親からは「悪かったなぁ、苦しんでいることに気づいてやれず。お前のことがとても心配だよ」と優しさをもらい、「貯蓄もほとんどないし、これからどう生きたらいいかもわからない」と弱気な発言を繰り返す私に、「なんとでもなるよ」と喝を入れてくれる友人もいました。そのときにもらったエールは今も生きる糧。離婚をきっかけに自分が大切にすべき人がわかったように思います。

結婚するまでは正社員でバリバリ働いていましたが、結婚後はお互いの生活時間にズレが生じ、悩んだ末に退職してアルバイトの身に。これが大きな間違いでした。破局の予兆を感じたころから派遣社員として再就職したものの、一生ひとりで食べていくには心もとない。派遣会社のアドバイザーに正社員を目指したいと相談すると、「その年で正社員は難しい」とバッサリ。「低所得でなんの保障もないまま生きていくのか」と諦めかけていると、派遣先の同僚や友人が「あなたなら正社員になれるよ」と励ましてくれました。派遣社員をしつつ就職活動に励み、希望する会社の正社員になれました。何事もやってみなければわからない。あのとき、一般論に惑わされて諦めなくてよかった!

やっと生活の目処がついたころ、当時70代だった母から「アパート建て替えで半年以内に追い出される」と電話があり、一緒に引っ越し先を探すことに。ところが、不動産会社から高齢者の契約は難しいと言われ、物件さえも紹介してもらえません。厳しい現実を突きつけられました。その後、母は今住んでいる団地になんとか入居できましたが、この経験から、自分の老後には追い出されない住まいが必要だと、マンション購入を決意。40歳、35年ローンが組めるギリギリの年齢で、都内の分譲マンションを終のすみかとして購入しました。

買ったのは新築・駅近・1LDKのおひとりさま向けマンション。オシャレでコンパクト設計、セキュリティもしっかりした女性に人気の物件でした。「老後は趣味の着物を着て美術館巡りをしたい」、そんな夢を持ち、上野・浅草に近くて物価の安い下町エリアを選びました。若いころにやっていた「つみたてくん」(住宅購入資金の積み立て)と節約生活で貯めたお金を頭金にローンを組み、毎年繰り上げ返済。ローン利率を下げるために借り換えもしました。やっとつかんだ穏やかな暮らし。当時の勤務先は東京駅近くで、活気あるキラキラした街で友人とランチを楽しむ余裕も出てきたころ、また母から電話が入ったのです。「ひとりで暮らすのは不安で仕方ない。もう死んだ方がいいのかなぁ。誰かそばに来てほしい」。母が暮らす団地に空き部屋が出たから、そこに住んでほしい、と……。しかもすでに頭金は払ってしまったと言うのです！　マンション暮らし9年目の出来事でした。

(写真上)当時のキッチン。料理好きな私にガスコンロはマスト。ただ、壁に覆われていて閉鎖的なのが不満でした。(写真下)ホテルのような自慢のエントランス。

都会の快適なマンション暮らしと、老いてゆく母。選んだのは……

私は幼いころ両親が離婚し、父と祖母に育てられました。母と生活した時間は短く、この境遇を恨んだこともあります。ほかの兄弟たちも少なからず同じ気持ちだったでしょう。就職で上京した際に同じく東京にいた母と再会し、交流が増えました。母はお茶目で無邪気な人。色々あっても憎めないのはやはり母親だから。ケンカもするけど、すぐ仲直りできる不思議な関係です。母のSOSに応えられるのは私だけ、それだけははっきりしていました。

確かに、最近の母の異変には気づいていました。足元はおぼつかないし、同じ話を何度もしたり、同じものを大量に買ってきたりすることも。母の老後を見るのは私しかいない、でも……。母を選べば、思い描いていた私の夢は捨てることになります。着物で美術館、快適でおしゃれな住まい、気ままなシングルライフ、全て諦めなくてはならなくなる。しかも団地は職場から往復3時間の距離にありました。

母を取るか、自分の夢を取るか――。難しい問題ですが、悩んでいる時間はありませんでした。問題が起きたとき、いつもやることがあります。それはノートにメリットとデメリットを書き出すこと。

すると、団地と都内のマンション、どちらもメリット、デメリットは同じぐらいあることが見えてきました。それなら自分が譲れないこと、失いたくないことはなんだろう。ここで母を見捨てたら、私は一生後悔する――。

私は母を、そして団地を選びました。

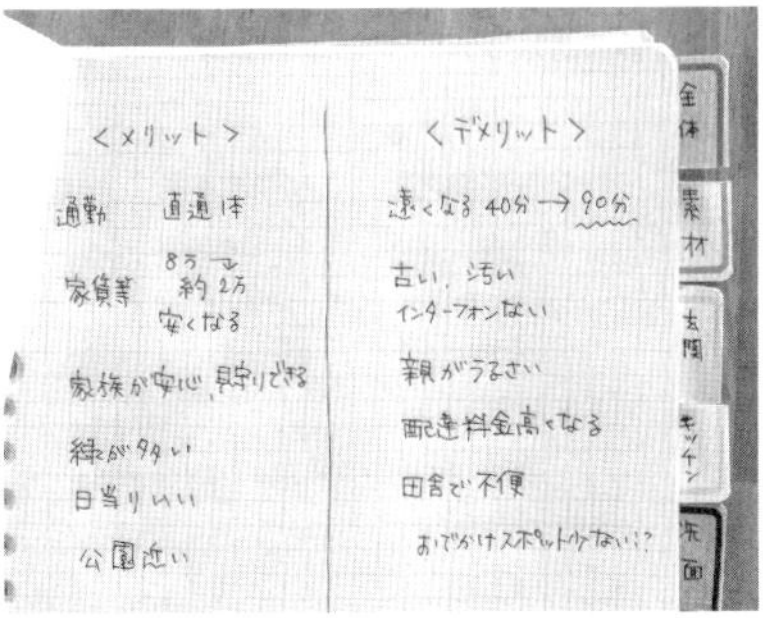

"ここに来てよかった"そう思うため、フルリノベーション

8月に母からのSOSがあり、12月には団地暮らしを決断しました。そこから、翌年1月にマンションの内覧者案内を開始し、3月に購入希望者と契約。そして4月に団地に引っ越し……。我ながらすごいスピード感です。幸いにもマンションは希望額で売れて残っていたローンも完済し、余ったお金をリノベーションに回すことができました。

母が頭金を払った団地は築50年超え。「あとどれだけ住めると思っているの?」という意見もありましたが、それも考慮の上。ですが、実際の部屋を見た

ときは衝撃でした。壁紙は剥がれ、床も天井もボロボロでカビだらけ。不便な間取りで脱衣場もなく、入浴時の着替えは玄関から丸見え。狭いトイレ、古びたキッチン、もちろんエレベーターや最新セキュリティもナシ。都内のマンションとの落差に涙が出そうでした。でも、もう決めたんだから、あとは前を向くしかない。「ここに来てよかった」と思えるような家を作ろうと切り替えました。

最初に取り組んだのはリノベーションノート作り。マンションのチラシやインテリア雑誌から、いいなと思った写真を切り抜いてはノートに貼り付け、イメ

（写真上）壁紙は剥がれ、カビのしみもあちこちに。和室とフローリングに分かれているのも使いにくい。（写真下）日当たりはいいですが、以前のマンションと同じく壁向きなのは不満。

ージ固め。このノートを持ってリノベーション会社に相談に行きました。

まず、3LDKの間取りはおひとりさまには必要ないと1LDKに大幅変更。寝室以外は不要な壁を取り払って、広々したリビングキッチンを実現しました。大きな荷物も受け取れるよう、狭い玄関を2倍に広げ、季節を楽しむためのギャラリースペースも設けました。トイレとお風呂をひと続きにすることで広くし、脱衣所も確保。そして、窓は全て二重サッシに。費用はかかりましたが、防音とカビ対策、電気代の節約効果もあるので、やっておいてよかったです。

かかったお金は通常のフルリノベーションの3分の2ぐらい。費用を抑えられたのは、地元の業者さんと資材や設備を比較検討し、よく話し合うことができたから。口癖は「予算がないんです(笑)」「なくても困らないなら省きます」「これはDIYでもできますか」。業者さんが見かねて「オマケするからこれ使ってよ」と言ってくれる場面もありました。

本当に予算がないので、寝室の床はネット通販で購入したシートを自分で貼りました。洗面台も木枠だけ作ってもらい、あとは手作り。100円ショップやホームセンターでタイルや資材を購入しました。照明やトイレットペーパーホルダーも、楽天市場やＡｍａｚｏｎなどのネット通販で買ったものです。

お金のやりくりに頭を悩ませながら、ひとつひとつ自分で選んだもので築き上げた私らしい家。大変だけど達成感があります。購入した物件がボロボロで住めない状態だったからこそ、決断できたフルリノベーション。その後の団地生活が快適になったことはもちろん、完成までの過程も楽しくてよい思い出です。なにが幸いするかわかりませんね。

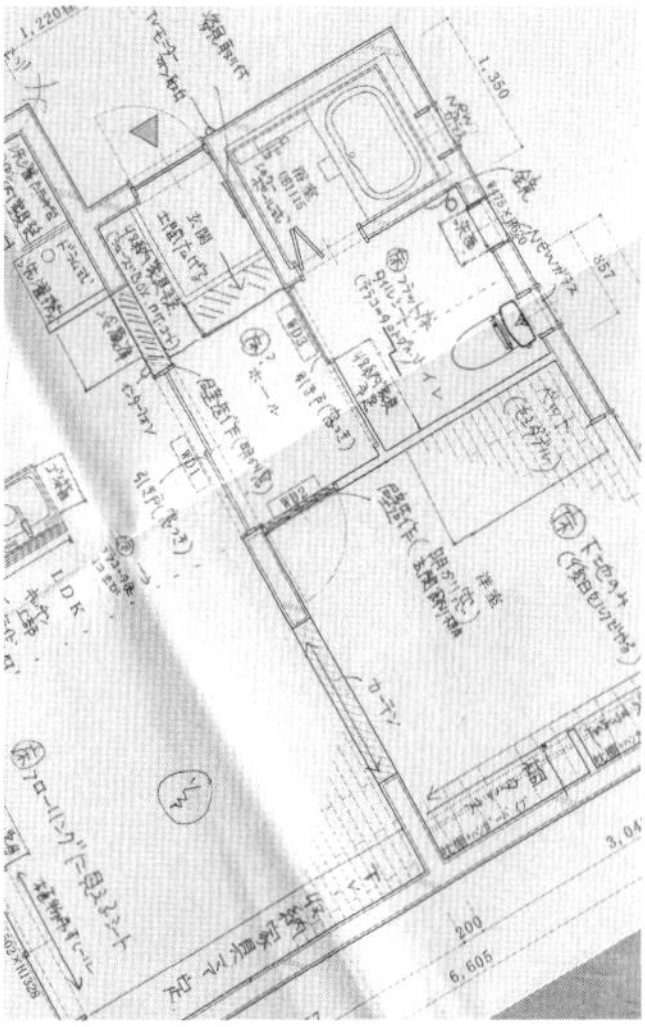

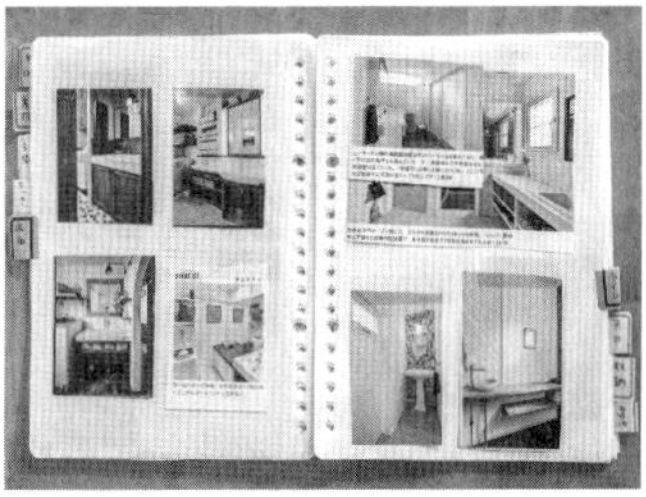

リフォーム後の我が家

日の光にきらめくカーテンを眺め、
お茶を飲みながら、未来をあれこれ
計画するのが至福のとき。

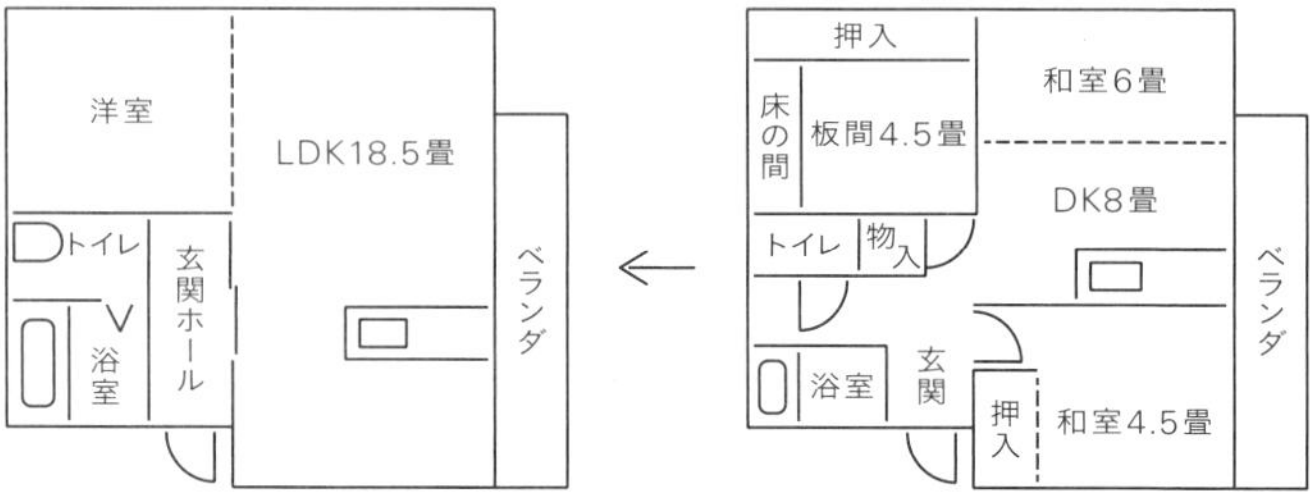

(after)　　(before)

kitchen

キッチン

引っ越し費用を抑えるため、荷物を大幅に減らし、食器棚もすっきり。図らずも断捨離できたのもここに来てよかったことのひとつ。

キッチンで全ての家事が完結するよう、家事動線にはこだわりました。洗濯機の上には「ホスクリーン」という、使いたいときだけ付ける物干し竿が。コンロ脇のキッチンボードは100円グッズでDIY。

キッチンは私のコックピット

リノベーションするとき、一番こだわったのがキッチンでした。決して上手ではないけれど料理好きな私。以前のマンションのキッチンは、狭くて窓もなく閉鎖的。壁に向かって料理していて、いまいち気分が乗らなかったんです。

リノベーションしたキッチンは、広々したリビングとひと続きになっていて、掃き出し窓から外の景色も堪能できます。日当たりもよく、一日中ここにいたいと思える居心地のよさで自炊率も上がり、節約にも貢献しています。

また、ここは料理だけでなく、洗濯、掃除、事務処理ができる家事ステーションでもあります。仕事や親の介護、プライベートと大忙しな50代は、家事もなるべく効率的に済ませたい。キッチンで料理しながら、すぐ横の洗濯機で洗濯することができ、アイロンがけもキッチンテーブルで行っています。必要なものは全てここにあるので、移動距離も2〜3歩で済むんです。気になったときにすぐ掃除できるように、キッチンの入り口にお掃除グッズを集めたコーナーも設置。忙しい毎日の中でおろそかになりがちな家事も、この家事ステーションのおかげでなんとか人並みにこなせています。

そして、ここは私の書斎でもあります。日々更新している「老い支度ノート」(後述)もテーブルでワクワクしながら書いています。煮込み料理をしながら図書館で借りた本を読んだり、お茶を飲みながら自分のこれからを考えたりすることも。介護の勉強や家計管理もここでします。キッチンは子どものころから大好きな場所で、不思議といいアイデアが生まれることも多いです。

まさにキッチンは、私仕様のコックピット。ここで大部分のことができるから、1日のほとんどをこの場所で過ごしています。

古い家具に惹かれます。写真の箪笥は骨董品店で購入したもの。偶然、窓の高さにぴったりでした。

living room
リビング

以前のマンションより10㎡ほど広くなりました。ソファやラグも廃棄し、広々とした空間に。

リフォーム後の我が家

最近衝動買いしたライティングデスク（右）と、おせんべい屋さんのアルミの商品棚（左）。自分の趣味に走れるのはおひとりさまの特権。

あこがれのペンダントライトは楽天市場で購入。フェイクグリーンもセットでついていました。晩酌はムード満点です（笑）。

ピンチはチャンス！暮らしを小さくしたら、ラクになった

団地暮らしの一番のメリットは、住居費の大幅ダウン。現在の住居費は修繕積立金、管理費、固定資産税を合わせても2万円以下です。マンション暮らしだったころに比べて、月6万2000円も下がりました。快適だったマンション生活ですが、思えば毎月のローンが重く肩にのしかかっていました。会社で中堅どころとなり、残業も責任も増える一方。キツイけど、ローンがあるからこの先も定年までこの会社で働くしかないと思い詰めていました。それが、団地に引っ越すことでローン返済がなくなり、ストレスから解放されたのです。

ところで、団地生活の一番のデメリットは通勤時間で、往復3時間かかる日も

ありました。安定して多くの収入を得るためには会社員がベストですが、住居費が減った分、収入の少ない仕事でも生活は可能なのでは？　そして、1日3時間を有効に使える方が人生が豊かになるのでは……と考えました。

決断したら即行動です。ハローワークでまずは職業訓練を受ける方法もあると聞き、応募。今まで人に助けられることばかりだったので、人生後半は少しでも恩返ししたいと思い、介護職を選びました。会社を辞め、49歳で専門学校に入学。10代の子たちと一緒に2年間勉強しました。運よく資格を取得し、51歳で介護職の正社員に。今は自転車通勤できる距離の職場で働いています。

アラフィフで住まいも職場もガラリと変わる、こんなこと普通なら選択できません。おひとりさま、6万2000円分の心の余裕……さまざまなことが重なったおかげです。もしマンションにあのまま暮らしていたら、快適さと引き換えにリストラや働けなくなったときのことを心配しながら、母のことを気に病んで暮らしていたかもしれません。ピンチはチャンスと捉え、変化を恐れず、その時々に合わせて暮らしていくことで、生きるのがラクになりました。

リフォーム後の我が家

balcony

ベランダ

通販で買ったラティスを白いペンキで塗ってイメージチェンジ。ジョイント式のタイルも敷いてイングリッシュガーデン風に。

bed room

寝室

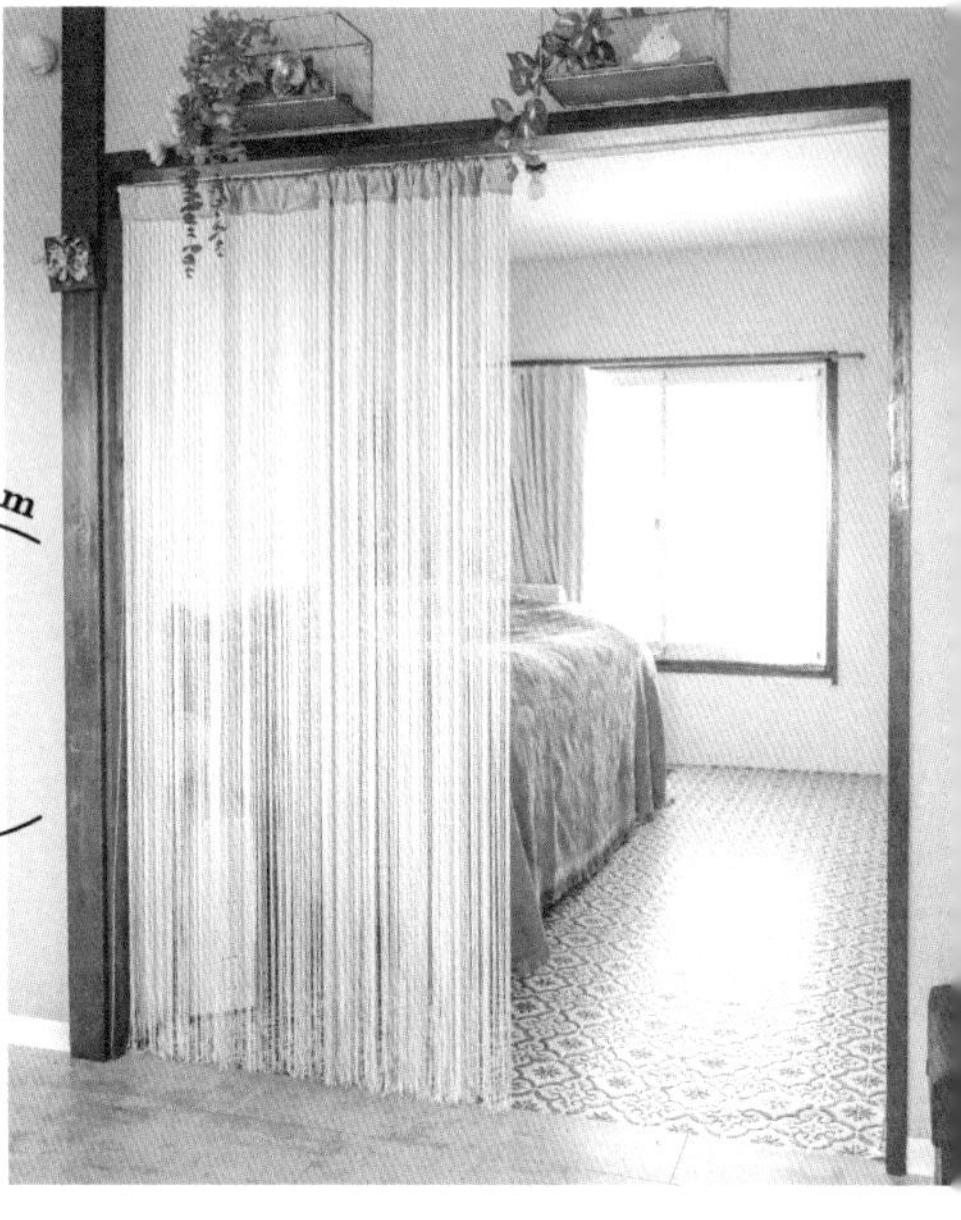

リビングから寝室はすだれでゆるく仕切って開放感を。寝室の床は大好きなモロッカン風タイルシートを自分で敷きました。

rest room

トイレ

トイレは床も壁も照明も青で統一。プラスチックの引き出しもタイル柄のマスキングテープでおめかししました。

entrance

玄関

玄関は内窓を作ることで、広く明るく見せています。夜は部屋のオレンジ色の明かりがもれて、また素敵なんですよ。

団地暮らしはメリットがたくさん。デメリットとも上手に付き合って

メリット

merit 1

住居費が抑えられる

うちの団地は築50年超えの超中古物件。リノベーション費用を入れても一括で支払える価格でした。現在支払っているのは、修繕積立金と管理費合わせて1万6200円、固定資産税が月割り換算で3000円程度。およそ1万9000円です。その分、収入を老後資金に回せます。

merit 2

緑いっぱいで癒し効果も満点

古い団地はゆったり設計。敷地内に花壇や公園、芝生があり、緑がいっぱいです。郊外で敷地外も自然豊かなので、引っ越してから散歩が趣味に

なりました。また、うちの団地は日当たりも考慮した造りになっています。団地の棟と棟の間が離れているので人目を気にせず、窓を開け放して風を取り入れることもでき、夏のエアコン使用も減りました。

merit 3

分譲団地なら自分仕様に変えやすい

フルリノベしか選択肢がないボロ物件だったので、躊躇なく手を加えられました。新築のマンションではもったいなくてできません。壁も床も間取りも全部、自分が選んだものだと思うと愛着もひとしお。工事代節約で始めたDIYも、今では楽しい趣味のひとつです。

merit 4

ご近所セーフティネットはプライスレス

団地で長年暮らしてきた母には、ご近所仲間がいっぱい。道に迷った母を案内してくれたり、園芸好きな母へ植物を分けてくれたり、いつも誰かが話し相手になってくれます。団地近くの公園で毎朝開催される太極拳では、仲間とのやりとりがモチベーションになっているようです。

デメリットとその対策

demerit

1 湿気・カビとのたたかい

断熱材が入っていない古い団地は、湿気とカビがすごい！ リノベーション時に可能な限り断熱材を入れ、窓も二重サッシにしましたが、それでも冬は窓ガラスが結露でベチャベチャ、壁にはポツポツと黒い点……。

これまでの防護策は、①窓やドアを開けてこまめに換気 ②壁と家具の間を数センチ空ける ③ソファやカーペットを置かない ④クローゼットや玄関、靴箱に除湿剤を置き、詰め込みすぎない ⑤クローゼットは扉を開けて、サーキュレーターで空気循環 ⑥外出後の服や靴はすぐにしまわない、の6つ。昨年の冬は窓にプチプチを貼りました。「これが効く」と聞いたらすぐ実行。カビとのたたかいも実験感覚で楽しんでいます。

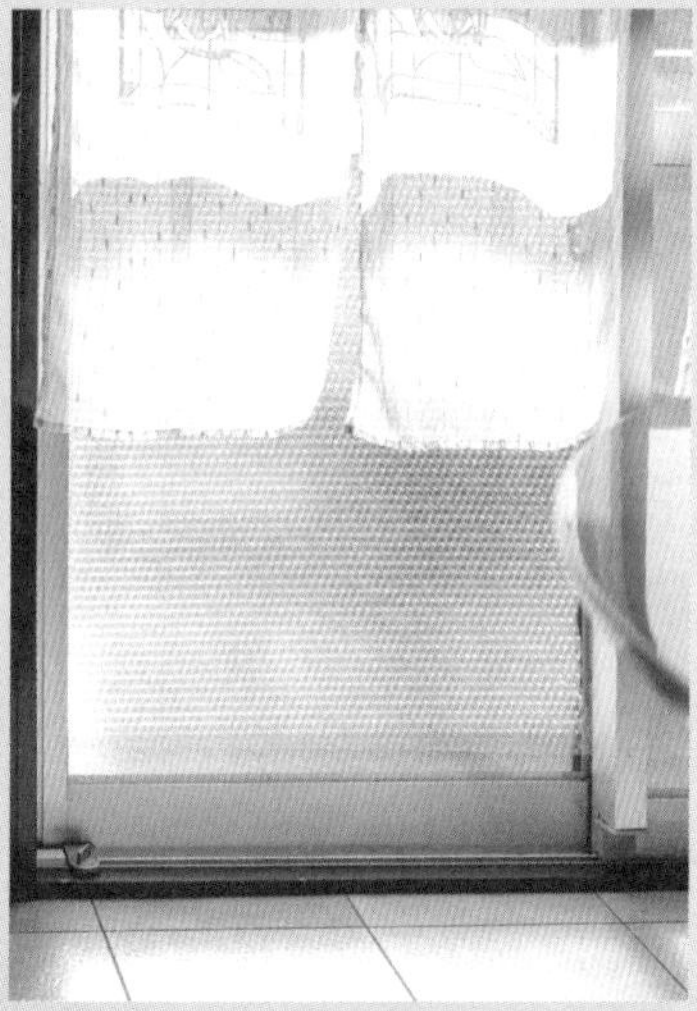

（写真上右）窓にプチプチを貼るのは暖房費削減にもなって◎。結露もかなり抑えられました。（上左）家具と壁の間に風の通り道を。靴箱の後ろも空けています。（下）二重サッシにリノベーション。防音、断熱効果で電気代節約にもなりました。

demerit

(2)

設備が古く、エレベーターがない

エレベーターがないのは本当に不便。水や米など重い荷物は配達にして、なるべく自分では運ばないようにしています。毎日の上り下りは大変ですが、筋トレだと思って日々精進。足腰が鍛えられつつあります。近所のおばあちゃんは70代でも元気に買い物袋をぶら下げて上っています。継続は力なりですね。築50年超えの団地だから設備の古さはどうにもならないので、なにかあったときの修繕費用を今から積み立てて準備しています。

demerit

(3) 平日開催の役員会や回覧板の当番

分譲マンションでも役員会などは定期的に担当が回ってきたのでそこは同じですが、高齢者が多い団地では平日開催な上に、集合時間が18時だったりして、なかなか参加が難しい。顔見知りが多い組織なので欠席を続けると居心地が悪く、なんとなくプレッシャーです。また、お知らせは回覧板で、当番になれば書類や手紙をポストインして回ります。ネットでお知らせしたらラクなのにと思うけれど、ネット環境が整っていない世帯も多いので×。団地の委員会活動はアナログで、マンションよりも労力がかかります。でも、ご近所のつながりはプライスレスだと思って、粛々と務めを果たしています。

第2章

月12万円で年金生活 予習中

お金のことが心配で眠れない夜もありました

お金について不安を強く感じたのは、離婚したときでした。当時、当座の生活費程度の貯蓄はあったものの、派遣社員の月給では食べるのが精一杯。マンションから格安アパートへ引っ越し、学生時代のような6畳一間暮らしをしていました。狭いキッチンと小さなお風呂はあったものの、質素な暮らしに不安は募るばかり。この先のお金のことが心配で眠れない夜が続きました。

そんなある夜、自分はなにが不安なのか思うままに書き出してみたら、心がスッキリしたんです。不安を「見える化」したことで、「こうすれば案外大丈夫かも」と具体的に対処法を考えることができるように。それを行動に移すことで少しずつ不安が減っていきました。その後、友人からの励ましのおかげもあって希望する会社の正社員となり、収入も大幅アップ。1年経たずに駅近のUR賃貸に引っ越して、さらに数年後、貯めたお金で新築マンションを購入しました。

ところが、マンション購入とその後の団地引っ越し&フルリノベーションで貯蓄の大部分を使い果たし、老後の資金が足りないことに50代で気がつく愚かな私……。でも今度は立ち直りが早かった！　あの6畳一間の夜に、不安から逃げるのではなく、向き合うことが不安解消につながるとわかったから。

老後の資金問題の解決策のひとつが、「月12万円のプレ年金生活」です。50代の今から月12万円の予算で暮らし、「大丈夫」を積み重ねていく。家計の問題を早期発見し、予算内で豊かに暮らす知恵を絞り、不安を安心に変えていく作業です。まだ50代。気力も体力もあるし、今動き出せば老後に向けてゆっくり準備を整えていけると考えました。年金生活の予習ができて貯蓄も順調に増えつつあり、始めてよかったと思っています。

この章では、私の12万円生活の全貌をお見せします。

不安の前にまず試算
老後に月いくらあればいい？

私が今心配しているのは、老後の資金のこと。雑誌やテレビで「老後資金に2000万円必要」「将来、年金はもらえなくなる⁉」なんて目にしては、お先真っ暗のような気になって……。

でもこんなときは、不安に向き合うためにまず情報収集。総務省のホームページで見られる「高齢ひとり暮らし世帯の支出」を参考に、自分の場合だと月にいくら必要か試算してみることに。食費は自炊派だからこんなにかからないとか、住居費はもう少しかかるとか。結果、月12万円もあれば慎ましくも私らしい暮らしができそうだと思えるようになり、老後の生活が具体的に見えてきました。

◎ 高齢ひとり暮らし世帯の支出

住居	約1.3万円
食料	約3.6万円
教養娯楽	約1.2万円
水道光熱費	約1.3万円
保険医療	約0.8万円
交通・通信	約1.2万円
被服及び履物	約0.3万円
家具・家事用品	約0.5万円
その他	約2.9万円 （うち交際費約1.5万円）

「老後2000万円必要」の根拠ともなるこの統計。でも、平均値なので住居費が約1.3万円と激安だったり、「その他」の詳細が不明だったり、自分の場合に当てはめにくい。

出典：総務省統計局「家計調査年報（家計収支編）2021年（令和3年）家計の概要」より

自分流にアレンジ！

◎ 私の場合だと……

住居	2万円
食料	2.5万円
教養娯楽	2.5万円
水道光熱費	1.1万円
保険医療	0.8万円
交通・通信	1.5万円
被服及び履物	0.6万円
家具・家事用品	教養娯楽費に含む
その他	約1万円

食料、住居、水道光熱費をこれまでの家計簿から予算立て。楽しむこと、学ぶことは生きがいにつながるから教養娯楽はしっかり確保、その分「その他」は余剰金扱いにして少なめに設定。

結論　月に12万円あればいい

「私の場合」で考えれば意外と未来は明るい⁉

老後の支出が月12万円とわかったら、次に将来受け取れる年金額を試算。私の場合は、10万円程度だから2万円ほど足りません。女性の平均寿命は約87歳。年金受給開始年齢の65歳から22年生きると考えると、老後の赤字額は合計528万円に。もっと生きる可能性と住居の修繕費や介護費、医療費、旅行代なども考慮すると、最低でも1000万あればなんとかなりそうです。

「老後資金は2000万円必要」と巷のうわさを鵜呑みにしていたころより、ぐっとやる気が出てきました。「一般論」より「私の場合」で考えた方が具体的で、モチベーションもアップします。

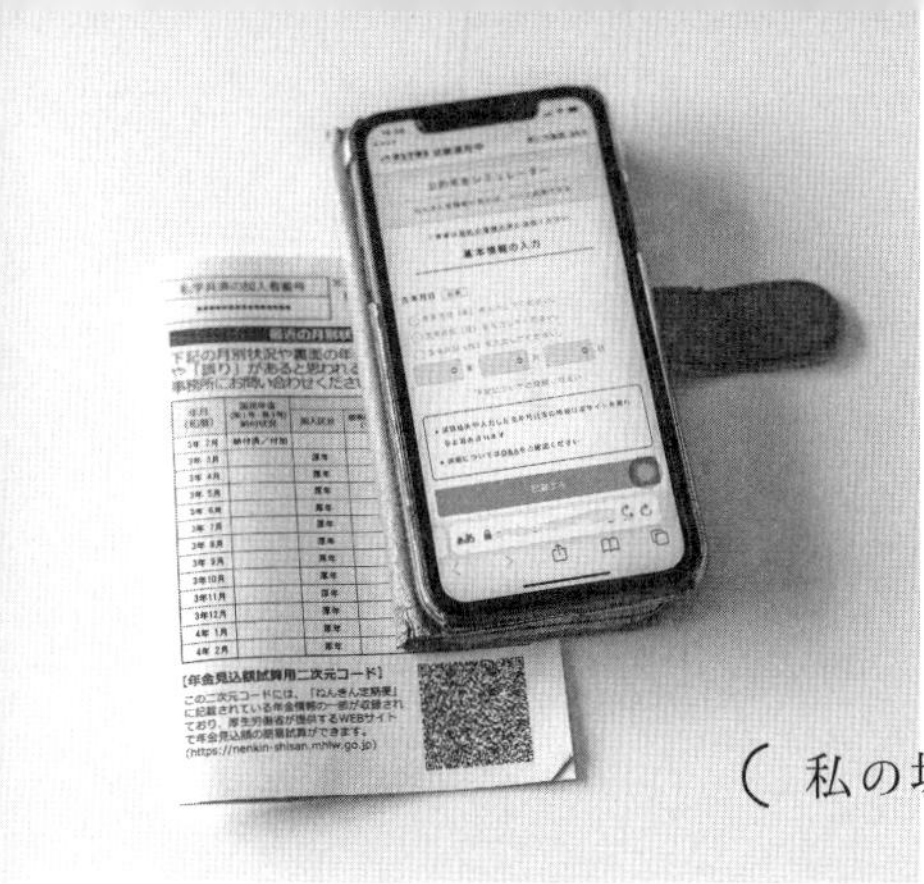

年1回送られてくる「ねんきん定期便」に記載された二次元コードを読み取ると、「公的年金シミュレーター」というサイトに飛び、簡単に将来の年金額がわかります。

（私の場合の老後資金は……）

女性の平均寿命87.57歳

↓

月2万円の赤字×22年

↓

528万円必要！

↓

他にも
こんなことに
かかりそう

住居の修繕／旅行／介護／病気

↓

1000万円以上あれば安心！

☑ 住居費 20,000円

団地は一括で購入し、ローンはなし。修繕積立金と管理費の月16200円と、固定資産税を月割り計算にした約3000円の19200円が実際にかかる額。

☑ 食 費 25,000円

食費は週4000円×4週（5週目は4週目の予算に含む）で16000円。それとは別に、お取り寄せや宅配食材に月9000円の予算を立てています。

☑ 教養娯楽費 25,000円

人生の楽しみなので、教養娯楽費は多めに。2〜3か月に一度は旅行に行き、夜勤明けにはスーパー銭湯へ。陶芸教室3000円／回もこの予算内で。

☑ 水道光熱費 11,000円

最近のエネルギー費高騰でこの先どうなるかわかりませんが、シーズンごとの変動をならすとこの金額に。意識して引き締め中の費目です。

☑ 保険・医療費　8,000円

これは老後にかかるお金のシミュレーションなので、65歳満期の医療保険の保険料は入れていません。主に市販薬代や歯医者にかかる費用です。

☑ 交通・通信費　15,000円

ソフトバンクからワイモバイルに変更して携帯代は月2000円以内に。新しいサービスが出たら問い合わせをして、もっと安くならないか探し続けています。

☑ 被服費　6,000円

介護職に転職してからは、OL風の洋服は処分。月にかける被服費も減りました。毎月ほぼ余るので、他の費目で赤字が出たときの補填に利用しています。

☑ その他　10,000円

余剰金扱いで基本は使いませんが、突発的な出費や他の費目で赤字が出たときに備えています。

おうちごはんに〝お楽しみ〟をちりばめて

食べることは生きる楽しみのひとつ。日々の食事や晩酌は人生を彩る大切なものです。月12万円生活では外食費にあまりお金はかけられないから、おうちごはんをラクに美味しく楽しむための方法を考えました。

1つ目の工夫は、休日に作り置きする「自炊の素」。野菜とひき肉の塩炒めで、いろんな料理にアレンジできます。仕事で疲れた夜も、これさえあれば自炊が簡単にできるんです。コンビニ弁当を買うよりも節約できて健康的です。

2つ目の工夫は、体と心に美味しい食材を選ぶこと。旬の食材は安く手に入るし、美味しくて栄養価も高い。なるべく国産を選び、調味料も基本のものしか揃えていませんが、ちょっといいものを使っています。毎日食べるご飯は、玄米ともち麦のミックスで便秘知らずです。

3つ目の工夫は、ちょっとリッチな食材でおうちレストラン気分を味わうこと。ときどき、フランスの高級冷凍食品「picard（ピカール）」や、デパ地下グルメの宅配「ISETAN DOOR」でお取り寄せしています。それぞれ少しお高いですが、外食するよりは安く済みます。

おしゃれなカフェでの外食もワクワクしますが、テレビやSNSでバズった簡単レシピを再現するのも面白いものです。最近ハマっているのは、キッチンでの燻製作り。安いチーズが高級チーズの味わいに変わるんです。お気に入りの音楽をかけ、ムーディな間接照明で燻製をつまみにワインを嗜むひとときは……。お金はかかってないけれど、至福の時間です。

疲れた日も自炊できる工夫で外食費をカット

食費を減らすには、おうちごはんが一番。仕事で疲れて帰ったときでもちゃちゃっと夕食を作れるような「自炊の素」を作り置きしています。簡単にいうと、好みの野菜とひき肉を塩で炒めたもの。左のメニューのほか、麻婆ナスやチャーハン、ミートソーススパゲッティなど、和・洋・中と、アレンジ自由自在!

「自炊の素」の作り方

【 材料(3回分) 】

豚ひき肉…300g
ニンジン…½本
玉ねぎ…1個
ピーマン…1個
パプリカ…¼個
塩…小さじ½
オリーブオイル…適量

野菜は全てみじん切りにする。フライパンにオリーブオイルを中火で熱し、野菜を炒め、全体的にしんなりしたら、ひき肉と塩を入れ、肉の色が変わるまで炒め合わせる。保存容器に入れて冷蔵庫に。保存期間は3日間ほど。

こんなメニュー
に変身!

(ガパオライス風)

自炊の素1回分を焼き肉のたれ大さじ1、塩、コショウ、ご飯とともに炒める。火を止めて、ちぎったバジル5枚を加え混ぜ合わせる。

(ポテトサラダ)

レンジ加熱してつぶしたジャガイモと自炊の素1〜2回分を、塩、コショウ、マヨネーズであえる。刻んだラッキョウを加えると◎。多めに作って、翌日は豆腐グラタンにしても。

(豆腐グラタン)

水きりした豆腐、しめじに、豆乳でのばした「ポテトサラダ」、チーズ、マヨネーズをかけてレンジ加熱。仕上げにバターで炒めたパン粉をかけて。

〃ちゃんと暮らしている〃気になる、自家製調味料

以前は、使い切れないほどのドレッシングや調味料がキッチンにあふれていました。今はしょうゆ、みりん、酒などの基本の調味料だけでほぼ賄っています。週1ペースで作るのがめんつゆ。どんな料理もこれで味つけすれば間違いありません。市販品は買うと重いし、余計なものも含まれているけれど、自分で作れば、重いものを運ぶ手間なく健康的で節約にもなる。そのほか、ニラだれもよく作ります。ニラは体にいいし、味にパンチが出ます。豆腐やラーメンのトッピング、チャーハンや炒め物に混ぜても◎。自家製調味料を作っているとちゃんと暮らしている気になるので、精神的にもよいです。

（　自家製めんつゆ　）

【材料】
しょうゆ…50㎖
みりん…50㎖
和風だしの素(顆粒)…小さじ½
水…1カップ

【作り方】

鍋に全ての材料を入れて火にかけ、ひと煮立ちさせる。保存容器に入れ、冷蔵で1週間ほど保存可能

（　ニラだれ　）

【材料】
ニラ…1束
自家製めんつゆ…大さじ2〜3
ごま油…大さじ2
赤唐辛子(小口切り)…適量

【作り方】

保存容器に全ての材料を混ぜ合わせ、冷蔵で1週間ほど保存可能。赤唐辛子は100円ショップの小口切りが便利

冷凍おにぎり&冷凍野菜で
いつでも健康ごはん

朝はコーヒーだけの生活を長く続けていましたが、団地に引っ越してからは母と2人分の朝食を作っています。

なにもないときでも、焼きおにぎりと具だくさんの味噌汁は作れるように準備。ご飯は多めに炊いて普段の食事用に冷凍保存していますが、それとは別に、じゃこやふりかけ、梅干しなどを入れて冷凍おにぎりにしています。買った野菜は全てその日にカットして、味噌汁の具用に〝自家製冷凍ミックス野菜〟を作っています。野菜ミックスに必ず入れるのが、玉ねぎ。いい出汁が出るし、血液サラサラ効果もあるので外せません。

おにぎりは1〜2分レンチンしてから、ごま油で焼きます。しょうゆを刷毛で塗って、梅肉をしそで巻くのもおすすめ。冷凍野菜はカレーやスープにも使えて、野菜を腐らせることもありません。

母にたんぱく質を摂ってほしいので、豚バラを入れて豚汁にすることも。

３００円弁当、始めました

物価上昇対策と節約を兼ねて、お弁当生活をしています。弁当作りのルールは３つ。①予算は３００円以内　②調理時間は10分以内か、レンチンなどの時短メニュー　③お弁当用に食材を買い足さないこと。

仕事場のお昼はコンビニ弁当を買わずに、この３００円弁当で節約していま す。最近ではお弁当生活にも慣れ、レシピもマンネリ化してきたので、スープジャーを購入。メニューの幅が広がりました。レンチンレシピや前日の夕食の残りを利用して作るお弁当は手軽。あまり気負わず、ルールをクリアするゲーム感覚で楽しみながら取り組んでいるからこそ、長続きしています。

お弁当箱は機能重視。左上は保温ジャー、左下は食べたあと小さくたためるジャバラ式お弁当箱。右は下にご飯、上に具材を入れられる丼専用のお弁当箱。

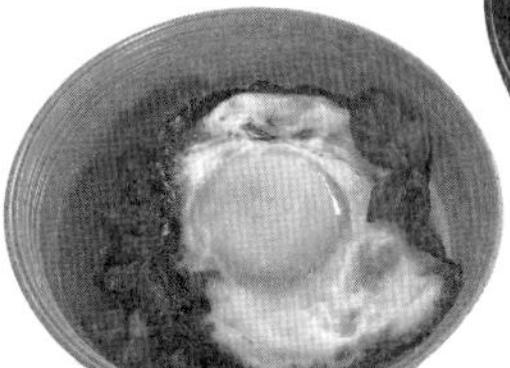

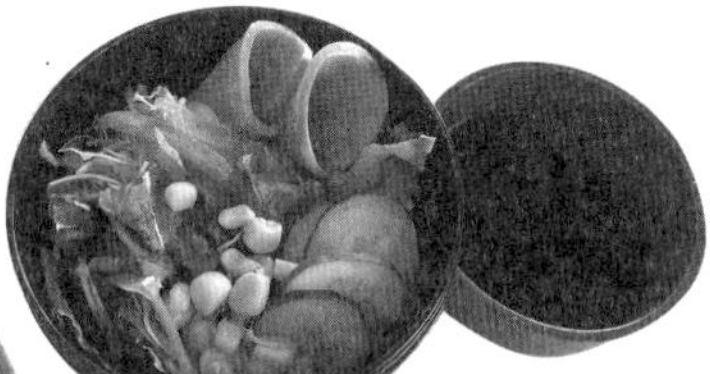

左は自炊の素で作ったガパオライス。右はサラダそば。丼専用お弁当箱の下に具と麺を、上につゆを入れました。

レトルトカレー、やめました

以前は常備していたレトルトカレー。数百円のものですが頻度を考えると気になる出費です。最近は、冷凍キーマカレーを作り置きしています。P56の「自炊の素」をフライパンで中火で熱し、ナツメグ、クミン、刻んだカレールウを加えて炒め合わせるだけ。1食分ずつラップに包んで冷凍保存しています。フライパンにこびりついたカレーもチャーハンにして食べれば無駄なく、洗い物もラクに。

リボベジは観葉植物がわりにも

大根やニンジンのヘタ、豆苗は水につけて〃リボベジ〃(再生野菜)にしています。観葉植物のように他のグリーンと一緒にリビングに飾って、小さな芽吹きに癒されています。もちろん、お味噌汁やサラダのトッピングとしても活躍!

写真の右手前に写っている豆苗用プランターは、100円ショップで購入したもの。水切りができて、サイズもピッタリ。シンプルな容器で見た目もおしゃれなので気に入っています。

お取り寄せでおうちレストラン開店！

外食の予算はあまりないので、おうちでレストラン気分を味わうことにしています。日々の食費（週4000円）とは別に、お取り寄せ代として月9000円の予算を立てています。上の写真は「picard（ピカール）」のもの。ピザやタルトはワインのお供に、ミックス野菜も普段使うスーパーのものとは違って華やかです。下の写真は、デパ地下グルメをお取り寄せできる「ISETAN DOOR」。オイシックスのミールキットも一緒に購入できて便利です。

美味しいものを食べたら元気になる！　節約一辺倒ではなく、ささかやなご褒美も日々の潤い&生きる力と考えて、メリハリ出費を心がけています。

おすすめの「キノコとゴルゴンゾーラチーズの薄生地タルト」。これにワインを合わせて、ドラマを見る至福……。

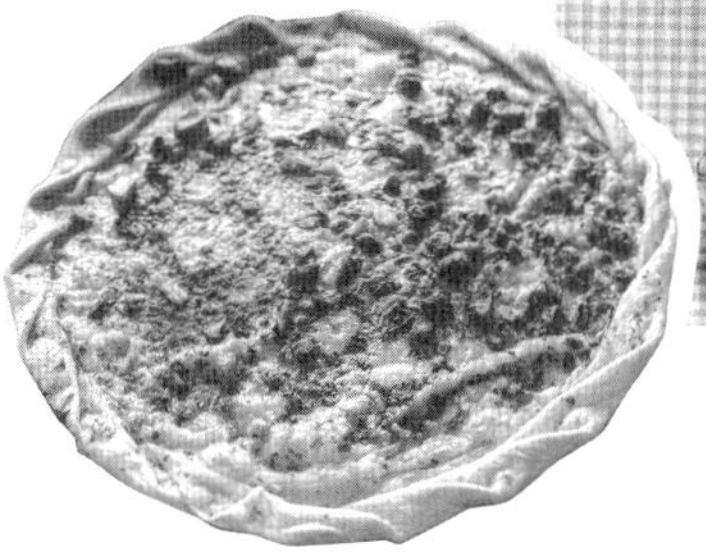

有名店のチルド麺や、バイヤーおすすめのデザート。さすがの百貨店クオリティを楽しんでいます。

ゲーム感覚で楽しむ〝3000円休日〟

3000円で成田山ひとり旅

成田山新勝寺へ。護摩祈祷は誰でも参加OK。声明を聴き、燃える炎を見つめて心のデトックス。

ちょうどこの日は梅見まつり開催。平日だから人でも少なく、のんびり鑑賞。

原田ひ香さんの小説『三千円の使いかた』に感銘を受けて始めたのが「3000円休日」。交通費も込みの3000円以内でいかに楽しめるか、無料の施設やお店のキャンペーンなどもフル活用してゲーム感覚で楽しんでいます。

上のように日帰り旅行に行く日もあれば、楽しみにしていた映画を近所のショッピングモールのI

◎ 今回かかった費用は……

おみくじ	100円
おみくじ羊羹	100円
甘酒	275円
お芋クリーム飴	
クロワッサン	152円
甘太郎焼き	150円
カフェラテ	480円
お饅頭	0円
スナック2袋(梅王子)	0円
お不動様の霊水	0円
成田羊羹資料館	0円
交通費等	1,740円
※お賽銭は別途	
合計	2,997円

3000円
以内、
クリア!

朝作っておいた梅見弁当。ピンクのお饅頭は出世稲荷神社参拝でのいただきもの。

成田羊羹資料館にて、おみくじ羊羹を購入。房の駅ではLINEの友だち登録でスナック菓子をゲット。

MAXで観て、チケット半券の提示でお得にお茶やランチを楽しむ日も。頭も体も使って無事予算をクリアできたときは、達成感があります。その他にも、スーパー銭湯や地元の野菜の無人販売巡り、陶芸教室、カフェで過ごす休日など、楽しみ方のバリエーションは無限。このアイデアは、老後の過ごし方にも役立ちそうです。

50代は「ちか旅」や「ひとり旅」がおすすめ

日帰り旅行は2か月に1回、一泊旅行は年に2〜3回行くほど旅行好きです。母の介護で遠出はしにくいので、行き先は近場ばかりですが、隣の市に一泊旅行というのもまた贅沢なもの。移動もラクな「ちか旅」、おすすめです。

また、40代以降、仕事や家庭の事情で友人と予定を合わせにくくなり、ひとり旅が増えました。好きなところに行き、やりたいことを自由に楽しめて、自分と向き合う時間もたっぷりだから「気づき」も多い気がします。

旅に出る前に必ずやるのが「トラベルノート」作り。やりたいことや旅程を書き、旅行中は思い出を書き留め、計画、旅行、振り返りと、一度の旅を三度楽しめます。

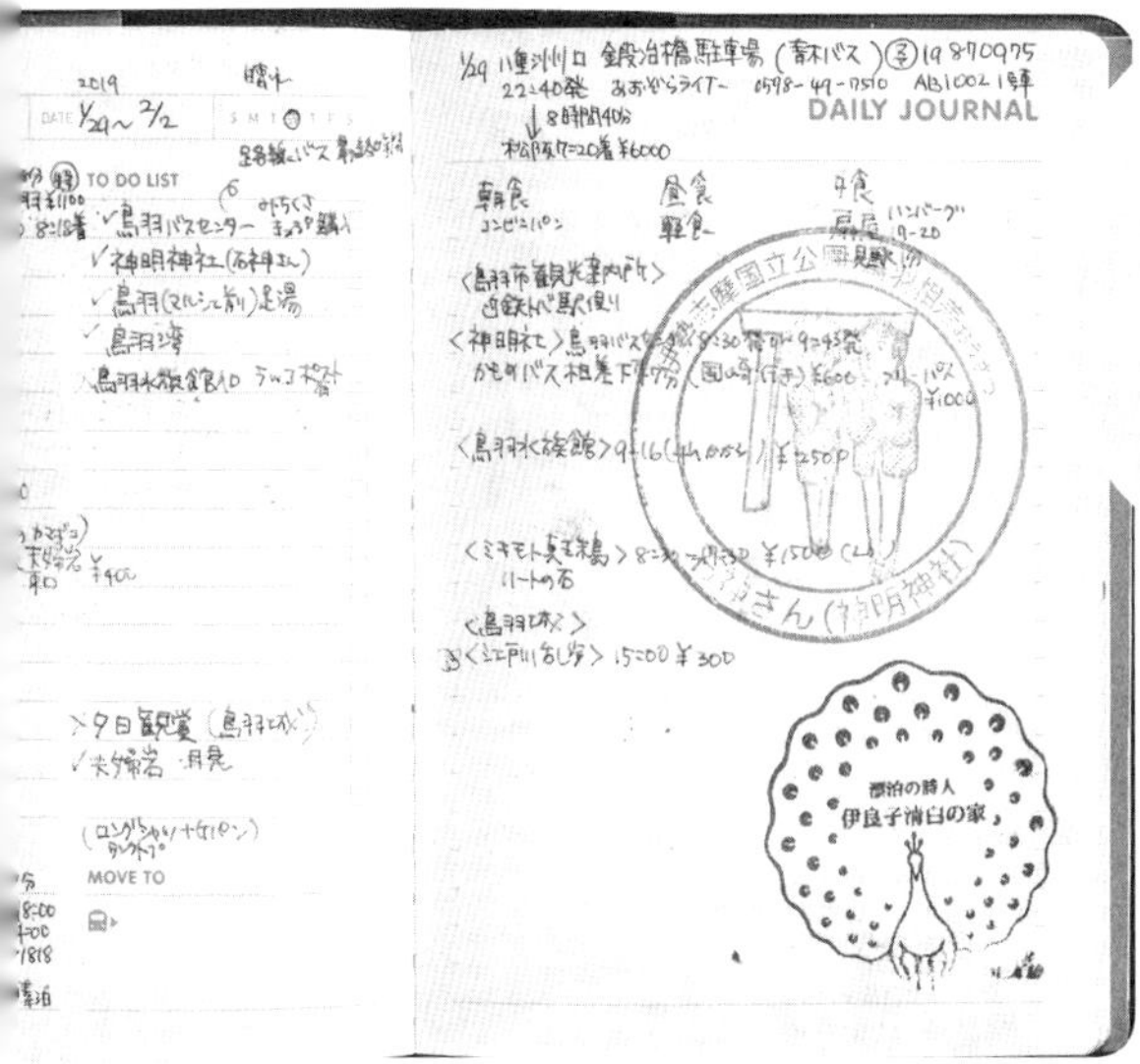

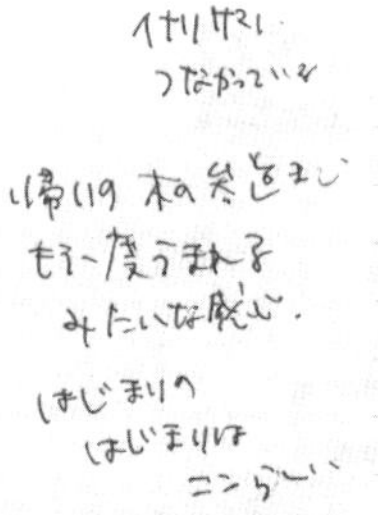

地方は営業時間が短くて目当てのものが買えなかったりするので、事前に調べてメモ。ガイドさんに聞いたご当地雑学や感じたことも書き込みます。

自治体の観光情報サイトはおすすめです。問い合わせるとミニガイドブックや、地域のお店や観光スポットで使えるクーポンを送ってくれることも。

陶芸教室や浴衣作り実のある習い事が楽しい

老後を楽しむために趣味が欲しいと思う人は多いはず。無趣味だった私も40代からいろいろお試ししています。フラワーアレンジ、料理、浴衣作り、着付け、日本舞踊、ベリーダンス、占い、陶芸など、主に自治体が開催しているお得な講座を受講。陶芸と着物は今も趣味で、お祝い事には着物で参加し、普段使いの食器は半分以上自作するなど、日々に活かしています。

サブスクの初回キャンペーンをあれこれお試し

Netflix、Huluなどの動画配信サービス、dマガジンや楽天マガジンなどの雑誌読み放題サービス、Amazon MusicやSpotifyなどの音楽配信サービス。さまざまな定額サービス（サブスク）は期間限定で月会費が安くなるキャンペーン期間に利用しています。申し込みと同時に解約予定日をカレンダーに書き込んでおけば、解約忘れを防げます。

大切な人には気持ちも手間も惜しみなく

もともと筆まめな方ですが、年賀状はやめました。その代わりに親しい友人や恩師にクリスマスカードを送っています。植物好きな友人には花模様のカードや切手を選ぶなど、一人一人を思い浮かべながら感謝の気持ちを込めて書いています。手間暇かかるので数多くは出せませんが、自分にとって大切な人を大事にできたらいいのかなと思います。

離婚、団地への引っ越し、転職など人生の転機を乗り越えられたのは、変わらず応援してくれる人がいたから。儀礼的な年賀状をたくさんの人に送るより、クリスマスカードや季節のカードに思いを込めて、大切な人へ届けたいのです。

大人っぽいものから可愛いものまで、友達の顔を思い浮かべながら買い集めたカード。

ティーバッグやシートマスクなどのプチギフトを同封することも。手紙グッズもいっぱい！

こまめな契約見直しと節電の合わせ技

電気代高騰に頭を抱え、今年は30Aの契約を20Aに切り替えました。また、電気もガスも価格比較サイト「エネチェンジ」で探した、なるべく料金が安い会社と契約。光熱費は月々かかる固定費ですから、契約をこまめに見直すのが節約のコツなんです。

節電も頑張っています。沸かしたお湯を保温ポットに入れたり、ご飯を鍋で炊いたり、保温に電力を使わないように工夫。電源タップもスイッチ式でこまめにオフしています。また、昨年の冬は断熱シートを窓に貼り、エアコンの使用頻度を下げることができました。チリツモの工夫で、電気代高騰に対抗しています。

健康に暮らすことが一番の節約に

普段は、歯の検診料程度で毎月黒字になる医療費。ところが、即席麺や外食、睡眠不足が続いたりすると、栄養剤や市販薬、通院などでギリギリになることも。不健康な生活が続くと医療費がかさむと実感しています。

栄養のある食事を摂ることや、無理せず休んで健康に暮らすことが一番の節約。医療にお金を使うより、体によい食事にお金をかけるスタンスです。50代の健康生活は、きっと老後の健康にもつながるはず。

ちなみに、65歳時点のお金のシミュレーションなので、60歳満期の終身保険料や資産形成目的の保険料は、この予算には含んでいません。

電動自転車は郊外団地のマストアイテム

郊外の団地に引っ越してきて便利だったのが、母が使わなくなった電動自転車。これさえあれば体力のない私でも、坂道や多少の遠出がなんとかなります。多くの人が住む団地は比較的バスの便も多く、近くのショッピングモールからは無料シャトルバスも出ていますが、電動自転車で自分のスケジュールで動けるメリットの方が大きい。通勤や買い物、無人販売の新鮮野菜を買いに出かけたりと、フル活用しています。ついでにダイエット効果も期待!?

通信費は格安スマホに変更し、かなり削減できました。毎月かかるお金で節約効果が高いので、よいサービスがあれば、こまめに見直すようにしています。

心地いい服だけ残して衣替えなしに

ＯＬ時代はシーズンごとに服を買っていましたが、今の職場は動きやすいことがなにより大切。着ない服をどんどん手放したら、オールシーズンの服がほぼひとつのクローゼットに収まるように。衣替えは上下を入れ替えるだけでいいので、とてもラクになりました。色味を揃えた定番服が中心で、数を減らした分、ストールやアクセサリーでアレンジを楽しんでいます。

徒歩圏内にスーパーや病院、図書館があるので着飾る必要もなく、コスパのよい服を着まわしていておしゃれ度ゼロ（笑）。節約にはなりますが、もう少しファッションも楽しみたいなと、お金のかからないおしゃれを模索中です。

ストールやアクセサリーで変化をつければ、少ない服でもおしゃれを楽しめますよ。

ラックの上段は春夏物、下段は秋冬物。
衣替えは上下を入れ替えるだけで完了。

ケチケチしないための1万円

切り詰めれば11万円でも暮らせるのですが、あえて1万円の余裕をつけています。「その他」の1万円は、突発的なことに備えられ、自分の好きにも使える予備費扱い。このお金があるから、他の費目で多少赤字が出てもピリピリせずに済んでいます。この1万円で赤字をカバーし、今月も「達成できた」という満足感を得られることが「月12万円生活」継続のモチベーションにもなっています。

友人や仕事でのお付き合いも、この1万円があるからケチケチせずにいられます。予算を立てるときにはあまり無理せず、ちょっと頑張れば達成できそうな設定にしておくと長続きします。

第3章

FP3級の私が考えるこの先のお金

お金を「使わない」のではなく、「賢く使う」

前の会社の退職時、有給休暇が20日近く残っていたので、これからの人生に役に立つと考えてＦＰ３級の資格試験に挑戦しました。実益のある勉強は楽しいもの。マンション売買、保険、相続、手続きすればもらえるお金など、「知っていたらもっと賢くラクに生きられたのに」と思う内容で、ライフプランの作成や資産形成法も学べました。参考書と古本屋で購入した過去の問題集で独学し、紆余曲折の人生の中ですでに知っていたことも多かったので、一発合格。自分の人生経験は無駄ではなかったと思えました。このときＦＰの勉強をしたことで、自分にとってのお金の意味や付き合い方が変わりました。

おひとりさまですし、収入も多くはないので、なるべく節約してお金は貯めたい。でも節約は手段であって、目的ではありません。目的は、自分なりの豊かな生活を手に入れること。だから、手持ちのお金をどう使ったら自分なりに楽しく満足して暮らせるのか、試行錯誤するのが好きです。3000円休日や、300円弁当の発想もそこから生まれました。お金を「使わないようにする」のではなく「賢く使いたい」。そんなふうにポジティブな感情で行動しているから、少ないお金でもご機嫌に暮らせているのだと思います。

「お金を上手に使う」には、投資も含まれます。この超低金利時代、銀行に預けているだけではお金は増えませんし、私ひとりの労働力では収入にも限界が。お金に上手に働いてもらうため、自分の頭で考え、学び、選択をする。今でこそ株式投資、投資信託、純金積立、iDeCo、NISAなどを資産形成に取り入れている私ですが、始めるまでにはずいぶん悩みました。やってみて思うのは、もっと早くやればよかったということ。迷っている方がいたら「なにもしないことにもリスクはあるよ」と伝えたいです。

家計簿はデジタルを活用してストレスフリー

以前は市販の家計簿に手書きでまめに記録し、家計管理していました。でも、計算が面倒だし、費目が自分に合わずストレスに。現在、日々の収支は「マネーツリー」というアプリで記録しています。クレジットカードや銀行口座と連携しているので、カードや電子マネー払いすることがほとんどの私にぴったり。入力するのは現金払いのときだけです。全体像をつかむため、その記録をパソコンのエクセルで作成した自作の家計簿に週1回程度入力し、月末に見直ししています。自分仕様の費目もラクに作れるし、転記や計算、消去も簡単。デジタル化することで書類もたまらず、処分の手間もありません。

◎ きんの家のエクセル家計簿　（単位：円）

費目	予算	使ったお金	予算残
食費(第1週)	4,000	3,280	720
食費(第2週)	4,000		4,720
食費(第3週)	4,000		8,720
食費(第4週)	4,000		12,720
食費(第5週)	0		12,720
宅配食材	9,000		9,000
合計	25,000	3,280	21,720
交際費	15,000		15,000
趣味(陶芸)	10,000		10,000
交通費	5,000		5,000
被服費	6,000		6,000
通信費	10,000		10,000
医療費	8,000		8,000
電気	5,000		5,000
ガス	3,000		3,000
水道(上)	1,000		1,000
水道(下)	2,000		2,000
団地管理費	16,200		16,200
固定資産税	3,000		3,000
その他支出	10,000		10,000
健康保険			
介護保険			
所得税			
厚生年金			
雇用保険			
住民税			
生命保険			
投資			
配当収入			
臨時収入			
給料総額			
収入合計			
支出合計			
繰越			

目標貯蓄額は「達成できる金額」がポイント

「月12万円生活」を始めて2年目に突入しました。月ごとに見れば、人間ドックや旅行などで赤字になることもありますが、「その他」の1万円や前月の繰越金で補填するので、全体としてはなんとか黒字になっています。目標の貯蓄額は年１００万円。毎年達成し、順調に老後資金を貯めつつあります。

黒字が続くコツは、そもそも目標設定を達成できる金額にすること。「私、できる！」というポジティブなモードで、倹約生活を楽しめます。黒字を更新するたびに、繰越金も増え、次の予算達成がラクになるという好循環も生まれます。

（ ある月の家計簿 ）

※（ ）内は予算差
予算はP52～53参照

住居費 （月割りの固定資産税含む）	19,200円	（＋800円）	
水道光熱費	合計 11,262円	（－262円）	
・水道代	1,620円		
・電気代	6,928円		
・ガス代	2,714円		
医療費	1,320円	（＋6,680円）	……①
交通・通信費	合計 9,460円	（＋5,540円）	
・交通費	1,120円		……②
・通信費	8,340円		
食費	25,286円	（－286円）	
被服費	0円	（＋6,000円）	……③
教養娯楽費	24,944円	（＋56円）	
その他	16,262円	（－6,262円）	
支出合計	107,734円	（＋12,266円）	

①
健康維持で余剰金ゲット。食生活改善や、おうちエクササイズを頑張った甲斐があった

②
電動自転車をフル活用し、郊外に住んでいても交通費はこの金額

③
毎月は買わないけれど、「買いたいときはケチらず買える」と思えることが、心の余裕につながります

現金多めの分散投資で〝いざ〟に備える

左は２０２１年の私の金融資産内訳。投資信託、株、保険や年金がだいたい均等に20％ずつ。残りの40％は現金で保有しています。現金比率が多めなのは、母のこともあり、突然まとまったお金が必要になる場合に備えているからです。

投資を始めたのは35歳のころ。家庭を持って友人との飲み会が減り、多少時間とお金に融通が利くようになったので、無料の金融セミナーや本で勉強しました。意を決してネット証券口座を開設し、最初に5万円程度の株を購入したところ、銀行に預けるよりも増えたのです。現在は、５～10年以内で必要になるお金は取りくずしやすい定期預金などの預貯金にし、老後に必要なお金は株

(きんの家の資産配分)

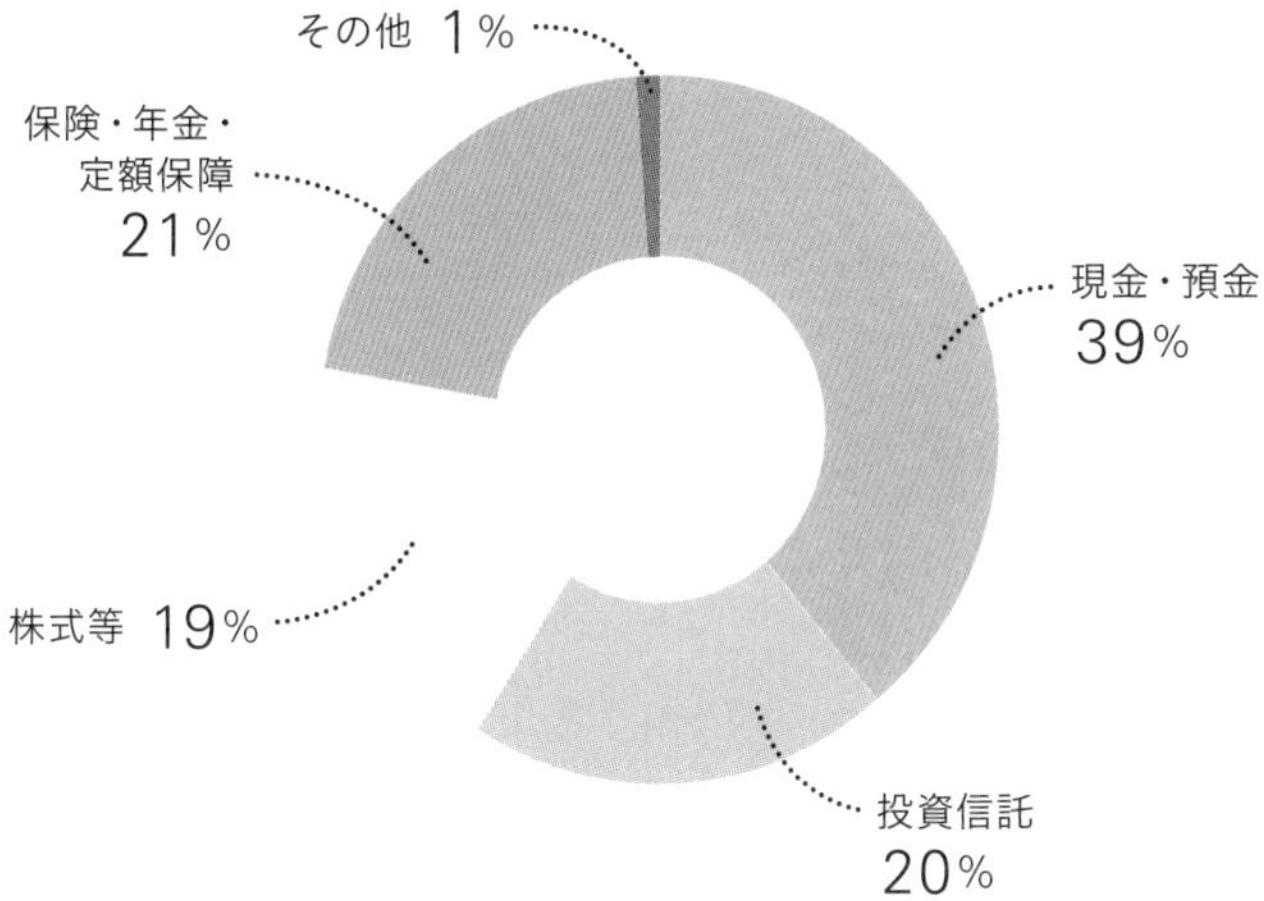

や投資信託、NISA、iDeCo、貯蓄型保険に投資しています。

投資は、今必要ではないお金の範囲内でやっています。また、分散投資でリスクを減らすのもコツです。最近は貯蓄も増えてきたので、もう少し投資額を増やそうか検討中。50代後半からは、株式などのハイリスク商品は減らし、リスクの少ない投資信託を中心にする予定です。

失敗からたどり着いた「コツコツ投資」iDeCo、NISAでのんびり増やす

今の投資スタイルに落ち着くまでは、失敗もたくさんしました。初めて株を買ったときは、株価の変動が気になり1日に何度もチェック。少しでも下がると心配し、上がればすぐ売り、その後もっと上がったのを見て損した気分に……と完全に振り回されていました。株の専門誌に載っていた「これが買い！」という銘柄を疑いもせず高値で購入して、損失を出したことも。まずは自分で調べ、人の話を鵜呑みにしないこと。人の意見は参考程度にし、最後の見極めは自分の意思で。失敗しても自分で決断したのであれば諦めもつきます。

リーマンショックなどで株価が暴落した時期もありましたが、長い目で見る

と優良な会社ならば急いで売る必要はないとわかり、今ではおおらかに構えられるようになりました。いろんな試行錯誤を経て、今は配当金と株主優待狙いの優良株を長期保有するスタイルです。また、株暴落の危機を何度も経験したので、株だけではなく分散投資でバランスよく資産形成をするように。

45歳でＮＩＳＡを始め、翌年に資産形成型の保険に加入。さらに次の年には、純金積立を月１０００円から始めました。現在は月５０００円で積み立てて、順調に増えています。ｉＤｅＣｏを始めたのは49歳のとき。もっと早くやりたかったのですが、会社の制度が整わず……。前職を辞めてから転職するまでの2年の間に、上限額マックスまで積み立て、なんとか遅れを取り戻しました。ｉＤｅＣｏや、つみたてＮＩＳＡは定額投資なので、最初の設定だけすればあとは放置でもＯＫ。長く持てば持つほど、複利効果でお金が増えていきます。もっと早く始めたかった！　といつも思います(笑)。

投資は経験と勉強が必要な世界。「定年後」「退職金が出たら」などと思わず、少しずつ試して、小さな失敗を経験することが、大きな失敗を防ぐコツです。

株は配当金&優待目当てでのんびりと

株を始めた当初は、株価に踊らされていた私。あるとき、桐谷広人さんの株主優待生活を知って、このやり方ならズボラな私でもうまくいくのではと思い至りました。今は配当や株主優待狙いの長期保有が中心で、株は購入したらほったらかしです。化粧品や食料品などの生活に必要な優待品のおかげで、家計も大助かり。購入する株は、自分が使っている商品やサービスでよいと思った企業から選ぶ方が、失敗が少ないように思います。また、「みんかぶ（https://minkabu.jp/）」という金融情報サイトの情報も参考にしています。

新日本製薬のパーフェクトワンやオルビスのスキンケアセットなど、化粧品はほぼ株主優待でまかなえます。

スタジオアリスの株主優待で、毎年1回撮っていた母娘写真。どの着物で撮影するかの打ち合わせも、楽しみのひとつ。

いざというとき、ためらわず使えることも大事

最近、「残高0円で人生を終えるのがいい生き方」という話を耳にしました。ここまで極端ではないにせよ、死後にお金を遺すべき人もいないので、お金を貯めるだけでなく有意義に使うことも考えています。倹約生活の中でも趣味のひとり旅は楽しみたいし、生活が便利になる家電も計画的に購入したい。今の生活が楽しくなることへの出費は、自分への投資と考えています。

また、思わぬ出費が必要になったときでも、ポンと気持ちよく支払えるように準備をしています。親の介護費用は基本的には親のお金から出してもらうようにしていますが、母親は年金生活で資産も多くはありません。いざというとき

のお金は私が用意しておかねばならないと、月々積み立てをしています。母親は80代後半でいつなにがあるかわからないので、必要なときに利用できるように今は現金多めの資産形成を続けています。

自分では堅実に分散投資をしているつもりですが、親兄弟からは「株なんてとんでもない」と眉をひそめられたことも。「お金に働いてもらう」作戦は不評でした。株で得たお金で、欲しいと言われた家電をプレゼントしてイメージアップを図りつつ、「今は銀行に預けても増えないよ」と啓蒙中です。

お金が貯まることは喜びですが、自分のやりたいことのためにはためらわず使いたい。そうできたなら、少ないお金しかなくても豊かに暮らせる気がするんです。

（写真右）デジタル機器は全てアップルで揃えています。高価なものですが、揃えることで使い勝手もアップするので納得の買い物。（写真左）退職後の有休でモロッコ・ツアーに一人参加。フェズ陶器を自分用に購入しました。

人生後半に選んだ仕事は介護でした

52歳で国家試験に挑戦し、現在は介護福祉士として働いています。月9日休みのシフト制で、基本は8時間労働。夜勤も月4～5回あります。介護は365日交替で誰かがやらねばならないものなので祝日・お盆・正月も関係なく、連休も月1回あるかないか。コロナ禍のときには人手が足りず、休みが取れなかったり、残業が続いたりもしました。介護現場の人手不足は深刻です。

もともとおばあちゃんっ子だった私。お年寄りには可愛がられて育ちました。人生後半でこの仕事を選んだのは、生活のためだけでなく、少しでも恩返ししたいという気持ちもあったからなんです。また、仕事で学んだことを親の介護に活かし、親の介護で感じたことを仕事に活かせるので、自分にとってもメリットが多くありました。

52歳にもかかわらず正社員採用されたのは、介護業界が万年人手不足のせいもあるかもしれません。自分の人生経験を活かすことができ、人の役にも立てる仕事なので、セカンドキャリアとしてよいのではと思います。

仕事は毎日学びがあり、新鮮です。利用者さんは人生の先輩でもあり、教わることも多く言葉の重みが違います。体力仕事ですが、椅子に座りっぱなしの仕事より、健康によいかもしれません。毎日1万歩は歩くおかげで、前職のときよりも体調がよくなりました。

約5人に1人が認知症になると言われている時代、介護の現場に興味を持ち、ボランティアでもいいので手助けしてくれる人が増えたらいいのにな、と思う今日このごろです。

第4章

基準はいつも「わたし」

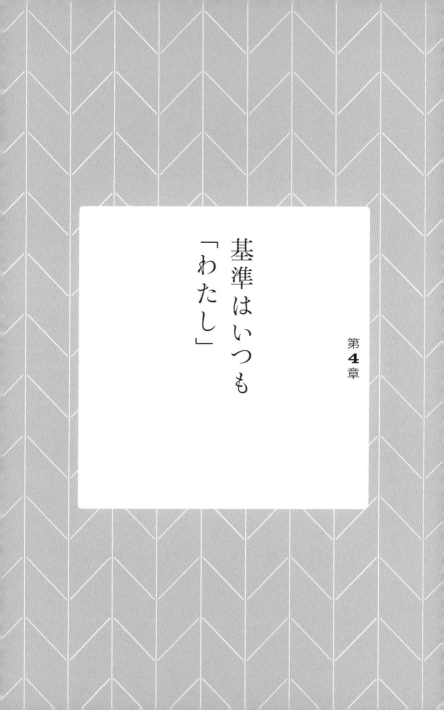

月1回の「じぶん会議」で不安を解消

毎月1回、「じぶん会議」を続けています。今困っていることを書き出して、どうしたらもっと快適に暮らせるか、自分と会議するというもの。掃除をもっと簡略化できないかとか、靴の数をもっと減らせるんじゃないかとか。会議を重ねるごとに、暮らしがシンプルに自分仕様になっていくのが嬉しいのです。

老後や母の介護についての不安なども、具体的になにが不安なのか書き出して解決策を練ることで、「なんとかなるよね」と自分を安心させられます。

そのほか、今月挑戦したことや嬉しかったことなども振り返ります。大人になると誰もほめてくれなくなりますよね。自分で自分をねぎらうことで、またやる気が湧いてきます。さらに、来月の目標や旅行の計画、家計簿のチェックも「じぶん会議」で。ひと月ごとの棚卸しといった感じです。

「じぶん会議」で考えたことで、とくに重要だと思うことは「老い支度ノート」へ転記します。これは、老後に向けて家事や人付き合いなどの方針を書き留めているもの。不安や迷いに駆られたときは見返して、自分が決めたルールを再確認し、前に進みます。

「じぶん会議」を始めてよかったのは、自分の基準で考えられるようになったこと。たとえば、私は掃除が苦手なのですが、以前は「完璧じゃないと」と高い目標を立てては挫折していました。でも、毎月1回の「じぶん会議」で暮らしを振り返る中で、ピカピカ輝くような家じゃなくていい、自分の許容範囲ならいいじゃない、と思えるようになりました。

1 月末にお気に入りの場所で

「じぶん会議」は、私にとってお楽しみの時間。月末に近い休日にカフェやキッチンなどのお気に入りのスペースで、お茶やお菓子を用意して始めます。考えを書き出すと頭が整理されるので、筆記用具は必須アイテム。

2 議題は困りごとや目標、今月の振り返りなど

まずは、暮らしで改善したいことや目標を書き出します。それに対して具体的な対策を練って、メモ。今月、自分ができたこと、新しく経験したことなども書いて、自分をほめるのもポイントです。現実的なことだけでなく、5年後、10年後の理想の自分に思いを馳せることも。

3 「老い支度ノート」に集約

「じぶん会議」で決めた対策は期限を決め、自作の年間予定表に転記。できたことは花まるをつけて達成感を味わい、できなかったことは持ち越します。とくに重要だと思ったことや心に響いた言葉は、「老い支度ノート」に書き写し、人生で迷うたび見返します。

じぶん会議で書き出すことは、たとえばこんな内容。
自分の心に向き合って素直な気持ちを書いていきます。

困りごと 2. の対策 なにかを始めるなら、なにかをやめる

やめてみよう

☑ テレビ

→ 観ながら料理、掃除、運動

息抜きのテレビタイムは減らさず、家事などをしながら観ることに。その家事にあてていた時間を自由時間にできるはず。

☑ ネットショッピング

→ 比較検討は30分以内に

少しでもポイントが多くつくサイトを探して、気づいたら1時間経っていたことも。時間を決めてやることにしました。

☑ 人付き合い

→ 義理や見栄のためならやめる

気持ちのこもってないお付き合いは、相手にも失礼。儀礼的な年賀状も数年前にやめています。

今月の困りごと

困りごと 1. 物価上昇で予算内で暮らせない

困りごと 2. 模様替えや読書…
やりたいことに時間が割けない

解決策

困りごと 1. の対策 食材の買い物は週2回以下に

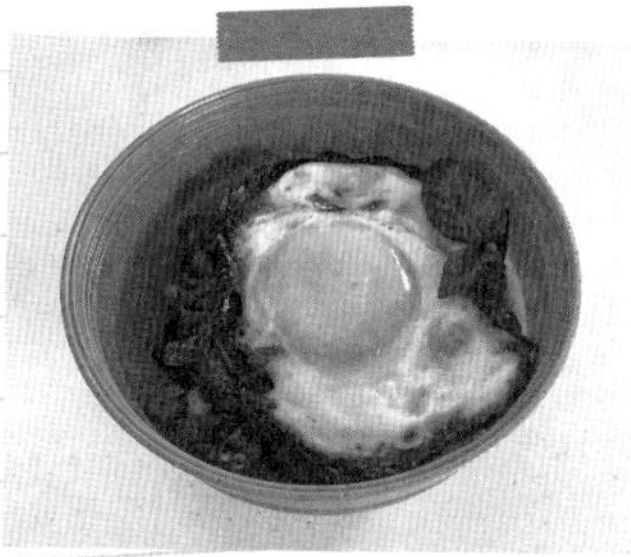

お店に行くと、つい新商品を買ったり、余分な買い物が増えるので行く回数を減らすことに。買い物にかかる時間も減り、困りごと②の時間作りにもつながりました。

「300円弁当」も
じぶん会議で
決めました

「じぶん会議」で見つけたこと①

自分のものさしで幸せを測る

離婚、おひとりさま、介護、都内の新築マンションから築50年超えの団地に引っ越しと、自分が選んだ道はほかの人からは不幸に見えるかもしれません。でも、どう感じるかは自分次第。そもそも幸せってなんだろう？　誰かのものさしで測ることではないですよね。

じぶん会議で、今月やった家事や頑張ったこと、新しく挑戦したことなどを具体的に書き出すと、「けっこう楽しく暮らしている」とわかるんです。団地生活を選んだからこそ、自分にぴったりな暮らしを発見し、満ち足りた気分を味わうこともできました。私の幸せはここにあったんだ、と今は感じています。

「じぶん会議」で見つけたこと②

迷ったら直感に従う

人生は決断の連続、いつも迷いながら生きてきました。「他人にどう見られるかじゃなく、自分がどうありたいかが大切」という価値観を基本にしているけれど、損得勘定や世間体にとらわれてしまうこともあります。常識や「○○すべき」という考えにとらわれて、自分の気持ちとは別の行動を取ることもありました。

迷って決断できないときには、「老い支度ノート」を見返します。過去の自分が悩んだときに後押ししてくれた言葉や考え方のメモを見ていると、心がすっきりして、直感に従えばいいと思い出せるんです。迷ったときはワクワクする方を選ぶことにしています。

「じぶん会議」で見つけたこと③

暮らしは変化するもの 自分も更新し続ける

月1回、自分の状況を書き出していると、困りごともやりたいことも変化していくことがよくわかります。私も年をとるし世の中もどんどん変わるのだから、「これまではこうだったから」にとらわれないでいたい。やめてもいい家事はないかとか、家計簿をデジタル化したらどうだろうとか、生活の見直しはもちろん、自分の固定観念もブラッシュアップしていきたいです。

じぶん会議では、来月挑戦したいことや気になるニュースなども書き出して、自分磨きも怠らないよう意識しています。

年齢に合わせて家電や調理器具は軽いものを

50代になってから、腱鞘炎と、指の曲げ伸ばしが難しい〝ばね指〟に。重いものも持ちづらくなり、マグカップですら重く感じるほど。掃除機も重たく感じるようになって、フロアモップに切り替えました。そこに柄の長い粘着クリーナーとお掃除スリッパをプラスして、毎朝5分、ささっと掃除しています。大人のひとり暮らしはそんなに汚れないので、これで十分。

アイロンも30年選手の重たいものを、ニトリの軽量アイロンに切り替えました。転職後、アイロンがけ必須の服を着る機会も減ったので、機能最小限のものを１５００円以下で購入。重いフライパンや鍋も軽いものに順次替えています。

フロアモップなら電気代の
節約にもなるし、騒音もな
く早朝や夜でもささっと掃
除できます。掃除機を思い
切って捨ててよかった！

アイロンと一緒に、広げ
るとアイロンマットにな
る収納バッグもニトリで
購入。場所を取るアイロ
ン台を手放せました。

〝今のわたし〟に必要かどうかで、捨てるべきものが見えてくる

マンションから団地へ引っ越すとき、引っ越し代の節約もあって不要なものを手放しました。そこから、ものが少ない部屋で暮らす快適さに目覚め、日々捨てられるものはないかと考えています。そのとき、基準となるのが「今のわたし」に必要かどうか。

たとえば、アルバムや日記はもう何年も見返していません。自分の歴史を伝えたい子孫がいるわけでもないので、アルバムは残したいところだけスマホで撮り、日記は直近10年分だけ残しています。転職後は履かなくなったヒール靴も手放しました。思い出より、「今」心地よく暮らすことを優先しています。

右が手放した10年日記。
最近日記は「100年日記」
というアプリに切り替え
ました。デジタルならす
ぐ消去できます。

将来的にはパンプス、シ
ョートブーツ(晴雨兼用)、
スニーカー(白、黒)、サン
ダル、フラットシューズ
の計6足にしたい！

好みは年とともに変わるもの
買い替えずに作り変える

フルリノベーションでいったんは理想の住まいになりましたが、そこから数年経って、インテリアの好みもシックになりました。

玄関の飾りスペースのオレンジの壁紙はもう少し大人っぽくしたくて、一角に１００円ショップで購入した黒板シートを貼りました。黒一色に飽きたら、絵を描いてもいいかな。母からもらったカラフルなチェストと、天面が明るいブラウンだった靴箱は、１００円ショップの塗料でダークブラウンにカラーチエンジ。今、ほかの家具も週末ごとにせっせと塗り替えています。好みはまたいつか変わるかも。そのときも、また塗り替えればいいだけのこと。

(before)

(before)

「捨てない」と決めたもの

日々、不要なものは捨てるようにしていますが、ミニマリストのような必要最低限のものしかない家にはあまり魅力を感じません。誰かとの大切な思い出や、故人のぬくもりを感じるものは、一度捨ててしまったら代わりはありません。本当に手放していいのか、よくよく検討しています。

そんな私が捨てないと決めたものは、私が子どものころに祖母が編んでくれたベストと、祖母愛用の漬物石。そして、母の家の片づけをしていたときに、収納ボックスに貼ってあった母の文字。どれも他人から見たら、価値のないもの。でも私にとってはかけがえのない宝物です。

(写真上)両親の離婚で祖母と父に育てられた私は、大のおばあちゃんっ子でした。(写真下)いつかこの字を懐かしく思う日が来るはずと、思わず「老い支度ノート」に貼りました。

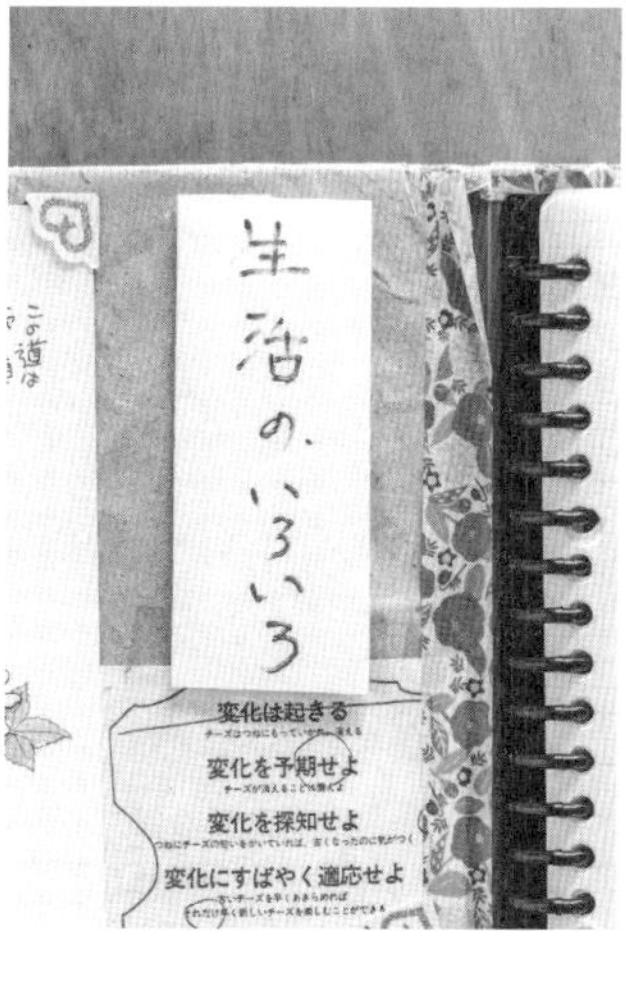

デジタルは年を重ねるほど味方になる

便利なものが好きなので、新サービスやデジタル機器には興味津々。中でも暮らしの必需品となっているのが、AmazonのAI音声認識サービス「Alexa」を搭載したスマートスピーカー「Amazon Echo」です。「アレクサ、○○をして」と話しかけるだけで、音楽を再生したり、天気やニュースを教えてくれたりと生活が快適になりました。

その上、〝母の見守り〟にも大活躍。母の家にもEchoを設置していて、Echo同士でテレビ電話ができるんです。スマホが使えなくなった母でも、呼びかけるだけでテレビ電話ができるので、安否確認に役立てています。

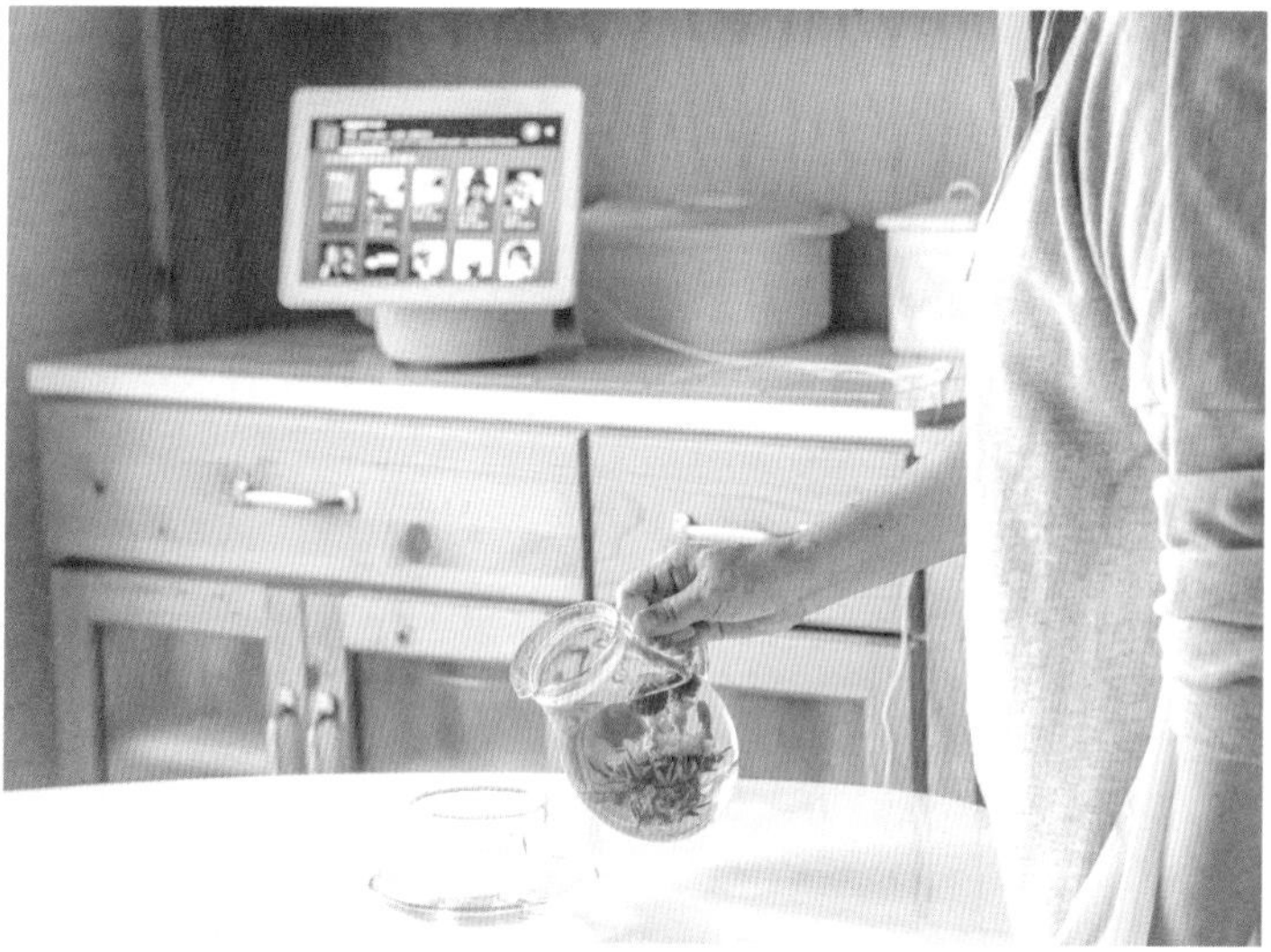

（写真上）AlexaでAmazon Musicの「カフェ音楽」を再生して、優雅にお茶の時間。
（写真下）電子ノート「QUADERNO（クアデルノ）」はじぶん会議に活用しています。

家事リストを作ったらいつでも心地いい家に

以前は、曜日別に家事を実施していましたが、土日関係なく夜勤もある介護職に転職してからは家事をルーティン化するのが難しくなり、コップの漂白やストック品の整理などの小さな家事を忘れるように。

そこで考えたのが、パソコンで管理する「1か月の家事リスト」。冷蔵庫の整理から歯ブラシの交換まで、こまごまとした30項目の家事をリストアップしています。1日1個を目標に、完了したら色をブルーに塗り、前月からできないまま繰り越しているものはイエローに変えて、意識づけ。リストがブルーに染まっていくのが嬉しいんです。家事を細分化することで、ひとつひとつのハードルが下がり、忙しい毎日でもなんとか家をきれいなままで保てるようになりました。

また、日々の家事だけでなく、季節家事もリスト化しています。春に冬物クリーニング、冬のブラックフライデー利用などの他に、夏は「土用の丑」とか、秋は「三十九日(みくんち)」でナスを食べなきゃとか、それぞれの季節を楽しむために覚えておきたいこともリストアップ。こちらもじぶん会議のときにチェックして、「ああ、来月は春分のぼた餅を食べよう♪」なんてワクワクする食いしん坊な私。食にまつわる季節行事が若干多めです(笑)。

さらに、休日の過ごし方もリスト化しています。なんでも見える化するのが好きなんです。だらだら過ごしたくないので「カフェの日」や「映画・読書の日」、「勉強の日」など、目的を持ってバランスよく過ごせるように工夫しています。

◎1か月の家事リスト30

スポンジ交換	冷凍庫の整理
玄関前の掃除	キッチンの掃除
靴箱の掃除	グリルとレンジの掃除
防災ライト充電	防災グッズ確認
玄関の飾りつけ	鍋の手入れ
リモコン、コンセントの掃除	サッシの掃除
鏡・くしの手入れ	コップ漂白
冷蔵庫整理	リビングの念入り掃除
天井・扉の掃除	植物手入れ、ベランダ掃除
歯ブラシ交換	パスワード管理、写真削除
自転車のメンテナンス	ストック品整理
パソコン、テレビのほこり取り	神棚、写真立ての掃除
洗濯機の掃除	リネン洗濯
お風呂の念入り掃除	トイレの念入り掃除
床の念入り掃除	書類整理

やったことはブルー、やり残したことはイエローに変えるのがルール。でも何か月もイエローのままのものも（笑）。「忙しいし、仕方ない！」とあまり気負わずにやっています。

◎ やりたいことリスト

「なにもしない日」にずっとチェックがついていません。ぼーっとできない時間貧乏性なんですよね(笑)。

月	1	2	3	4	5	6	7	8	9	10	11	12
カフェの日		✓										
勉強の日	✓	✓	✓									
映画・読書の日	✓	✓	✓	✓								
株・投資の日												
計画の日	✓	✓	✓	✓								
手伝い・手助けの日		✓	✓	✓								
趣味の日			✓									
掃除の日	✓	✓										
予備の日	✓	✓	✓	✓								
なにもしない日												

◎ 季節の計画

ここに挙げたのはほんの一例。歳時記に添った暮らしが理想です。

(spring)

冬物クリーニング
花見準備
啓蟄・春分のぼた餅
清明
新茶の用意

(summer)

暑中お見舞い準備
カビ対策
土用の丑
夏の大掃除
プチ旅行

(autumn)

夏物クリーニング
十五夜
結露対策
三九日(みくんち)
オリオン座流星群

(winter)

ブラックフライデー
家計収支決算準備
新札準備
大雪・冬至(かぼちゃ、小豆粥)
パンジーを植える

お掃除は苦手、だからこそあちこちに掃除コーナーを

家事の中で一番苦手で、できればやりたくないのが掃除です(笑)。すっきりとした部屋できれいに暮らしたいとは思うものの、つい後回しにしてしまうので、やる気になったときにすぐできるように家のあちこちに掃除グッズコーナーを作っています。

キッチンの掃除コーナーは冷蔵庫脇の壁に、100円ショップで買ったバーを取り付け、洗剤を引っかけて収納。以前はさまざまな専用洗剤を買っていたのですが、今は油汚れ用のオレンジオイル、セスキ炭酸ソーダ、重曹水のみ。こ

れでほとんどの汚れに対応できます。

リビングのワゴンには、洗剤を作るときの重曹や窓ふき用のスクイジー、古布を切って作ったダスターをセット。キャスター付きで、使う場所まで引っ張っていけるのが便利です。

洗面所には、小さなかごにメラミンスポンジやトイレの掃除グッズなどをまとめて置いています。汚れが発生する場所ごとに掃除グッズを置くことで、気になったらすぐに掃除できます。おかげで休日にまとめて掃除をすることがなくなりました。

また、できる限り掃除をしたくない私はゴミ箱の掃除もストレスで、段ボール箱を利用しています。そのままでは味気ないので、リメイクシートを貼って汚れたら処分。廃棄の際はシートをはがして資源ゴミに。ゴミ箱をどうするかは、今も試行錯誤しています。

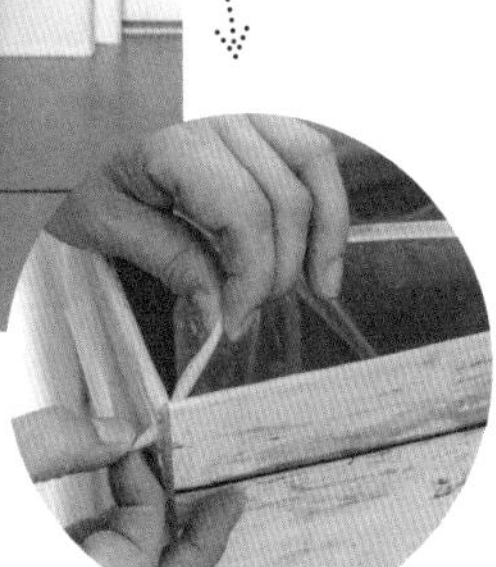

ビールケースで作ったゴミ箱の四隅には、ゴミ袋を引っかける切り目を入れています。洗剤ボトルには、洗剤を作るときの各成分の配合をラベルシールで貼ってあります。

上の2段が掃除グッズ。最下段は家具をリメイクするときの工具やペンキなど。ふだんは布をかけて隠しています。

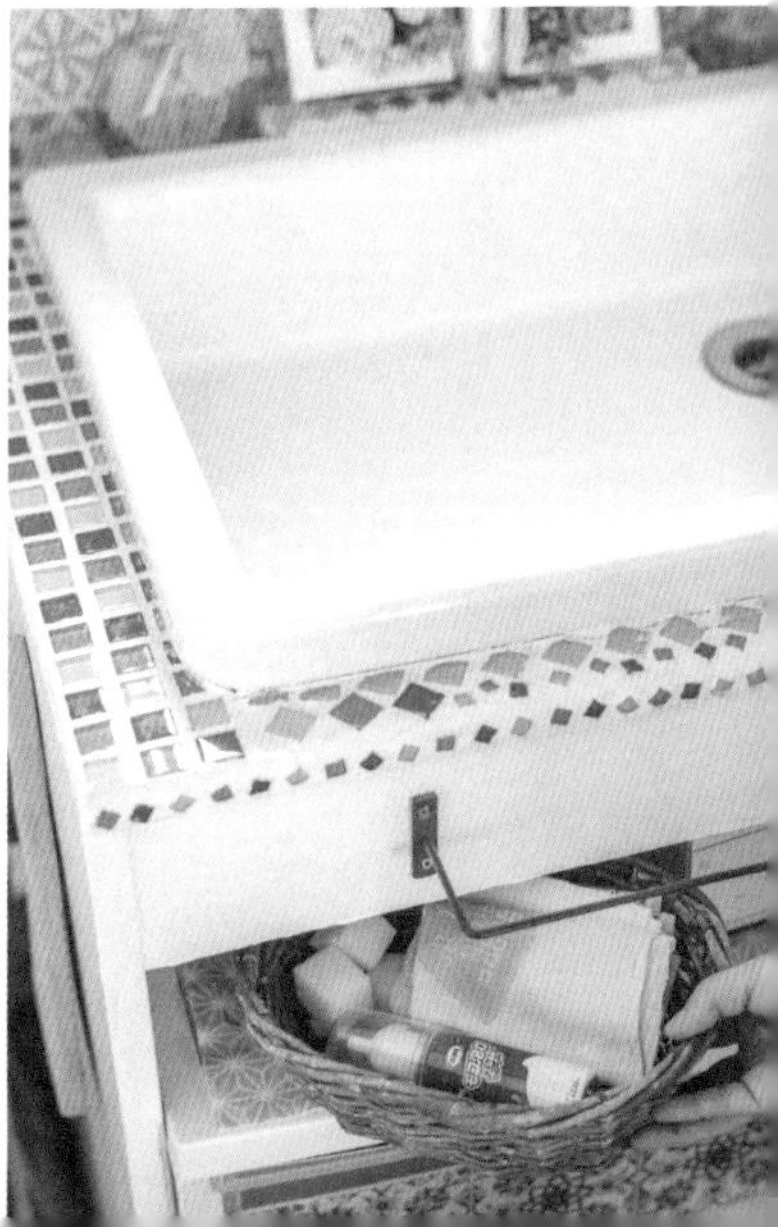

メラミンスポンジは板状のものを使いやすいサイズに切っています。古布で作ったダスターは使い捨てできて◎。

15分でできること けっこうあります

50歳前後から、体が重だるかったり、気力がなくて思うように動けないことが増えてきました。具合が悪いときは無理して動かない、自分にとって不要なことはやらない、と決めています。

逆に言えば、体調がいいときには時間を有効に使いたい。すきま時間も無駄にしないために、冷蔵庫に「15分でできることリスト」を貼ってチェックしています。プチ掃除やレシート整理などの雑事だけでなく、友人へメールしたり、読書したりといったことも。たかが15分、されど15分。時間も節約と同じでチリも積もれば山となる!?

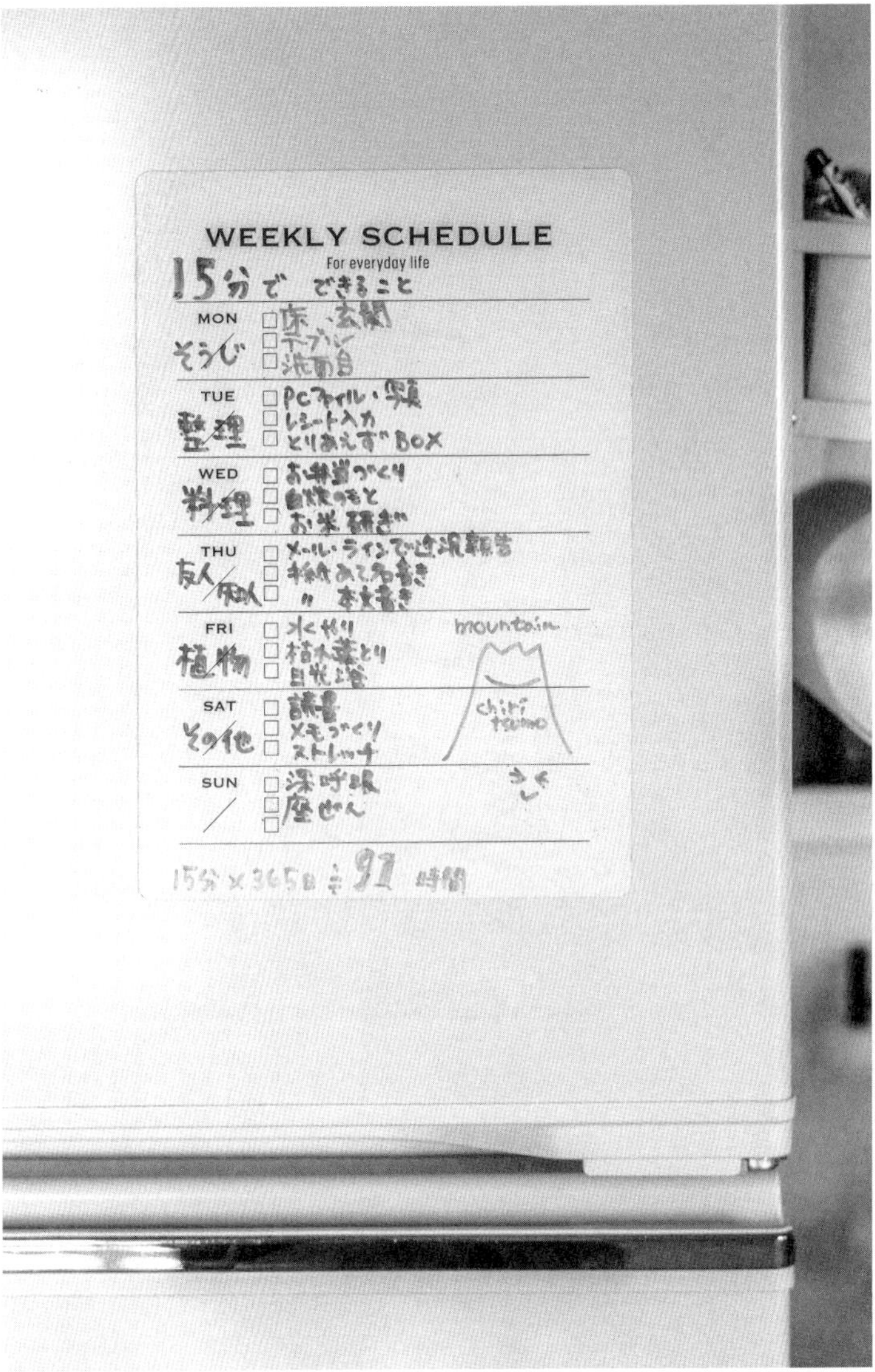
WEEKLY SCHEDULE
For everyday life
15分で できること
MON
そうじ
TUE
整理
WED
料理
THU
友人/知人
FRI
植物
SAT
その他
SUN
mountain
chiri tsumo
15分×365日≒91時間

第**5**章

つかずはなれず
母のサポート

母のゆく道は、やがて自分がたどる道

介護は思ったよりも大変で、予想外のことが日々起こりイライラの連続。大切なお金をどこかにしまって忘れたり、入れ歯が洋服ダンスから出てきたりと、私には理解できないと思えることも、母の世界では理由があったりします。つい最近までできたことができなくなることもよくあり、不安と戸惑いから母を責めてしまい、その悲しそうな顔を見ては自己嫌悪しています。

思えば、母と暮らした期間は人生のほんのわずか。知っているようで知らないことも多く、母の生活をサポートしながら、母の生涯を知る日々です。私は心配性でせっかち、母は天真爛漫でおおらかなのんびり屋さん。ただでさえうまくいきそうにないのに、仕事と介護という余裕のない生活から、思いやりのない言葉で傷つけてしまうこともあります。

認知能力の低下から不安で何度も確認してしまうこと、家電の操作がわからなくなったり、足腰が弱くなって外出が面倒になること……。母に起こっている問題は、いずれ私にも起こるはず。自分が自分でなくなるようで不安なのに、心無い言葉で傷つけられたらどんな気持ちになるだろうと想像するたび、申し訳なく思います。

あるとき、探し回っていた財布が、冷蔵庫から発見されるという出来事がありました。仕事で疲れていて、イライラしながら探していた私。冷蔵庫の中でしっかり冷やされた財布を見つけて脱力し、「財布を冷やしてどうするつもり?」と笑いながら言うと、「ほんとバカだね〜」と母も笑っていました。そんな母の笑顔を見て、ハッとしました。介護はひとりで無理して頑張りすぎてはいけないし、自分を追い詰めてはいけない。私が笑えば母も笑う、笑いながら過ごした方が誰だって楽しいに決まっている……と、頭では理解したものの、いまだに「どうしてこんなことになったの!」と日々口ゲンカが絶えません(笑)。

実家の片付け、難航中

介護のために毎日母の部屋を訪れるようになって、今まで以上にものの多さが気になるように。廊下までものがあふれ、「危険だから片付けよう」と何度言っても、「そのうち自分でやるから」と埒があかないので、説得は諦めました。代わりに始めたのが、困りごとの解決。母の自宅の玄関には、扉の開けにくい靴箱がある上に、周辺には園芸用品や杖などがごちゃごちゃ置かれていて、なにを取り出すにも一苦労でした。そこで靴箱をオープンラックに替え、マスクなどの外出時に必要なグッズは吊り下げ収納に。母も「使いやすくなった」と喜び、片付けの効果を実感してくれたようで、以降は少しだけ協力的になりました。

現在、片付けには渋々応じていますが、一緒に進めるのはなかなか大変です。捨てる、捨てないの確認に時間がかかり、懐かしい品物が出てくると思い出話が始まって作業が中断。何度も同じ話を繰り返すので、聞く方も疲れます。面倒になり、勝手に捨てようとしたら大ゲンカになりました。

母の死後に業者に頼んで片付けてもらった方がよほどラク。それでも一緒に片付けることで大切なものの保管場所が確認できたり、事故予防ができたりとメリットも多いので、今も少しずつ継続中です。

①センスよりも安全性

親が暮らしやすい空間を作ることが、片付けの目的。センスのいい家にする必要はありません。転倒や引火など室内の事故を防ぐことを優先。おしゃれだけど使いにくい収納グッズや、飾りのついた生活用具は不要です。自分のセンスは押し付けないこと。

②親の習慣を変えない

長年の生活習慣を尊重し、ものを移動したり、新しいものに替えたりしないようにしています。とくに認知機能が落ちてくると変化に対応できず、片付けたことでかえって生活が不自由になる場合も。「不用品や危険を取り除く」という視点を心がけています。

③説得できると思わない

親子でも価値観は違います。理詰めで説得しようとしても、もめて疲れるだけ。その場ではしぶしぶ従ってくれたとしても、後日気持ちが変わるのはよくあること。認知機能が衰えていれば、なおさらです。最初から説得できると思わない方がいい！

（4）勝手に捨てない

明らかな不用品も親から見たら宝物。誰であれ、自分のものを勝手に捨てられるのは不愉快なもの。勝手に捨てたことで気分を害し、二度と片付けさせてもらえなくなる可能性も。「この子は私の意見を尊重してくれる」と信頼を得れば、こちらの意見にも耳を傾けてくれるように。

（5）ひと目でわかる収納に

細かなラベリングや、全て白いケースで統一した「隠す収納」など、凝った収納ワザは不要です。パッと見て、どこになにがあるかわかる、直感的な収納でなければいけません。そうでないと、「あれどこ置いたっけ？」と何度も聞かれる羽目になります(笑)。

溜め込まない家になるための
3つの「しないこと」

(1) 適正量以上を持たない

「安い」「お得」「どうせ使うから」という理由で、すでに家にあるものを余分に買い足さないと決めています。収納場所を圧迫し、使い切れず破棄することになれば、お得どころかお金の無駄遣いになってしまいます。

(2) 収納場所・収納グッズを増やさない

母の家を整理していて、大量に出てきたのがプラスチックの収納ケース。しかもその中はほぼ不用品。収納場所を増やせばものも増えます。今までのスペースでものが収まらなくなったら処分のしどきと考えています。

(3) 決断を先延ばしにしない

「食べ終わった食器を今洗うのか、あとにするのか」「届いたDMを今片付けるのか、放置するのか」日々の雑多な迷いは、だいたい「今やる」を選択した方が効率がいいと思います。些細なことに悩む時間がもったいない！

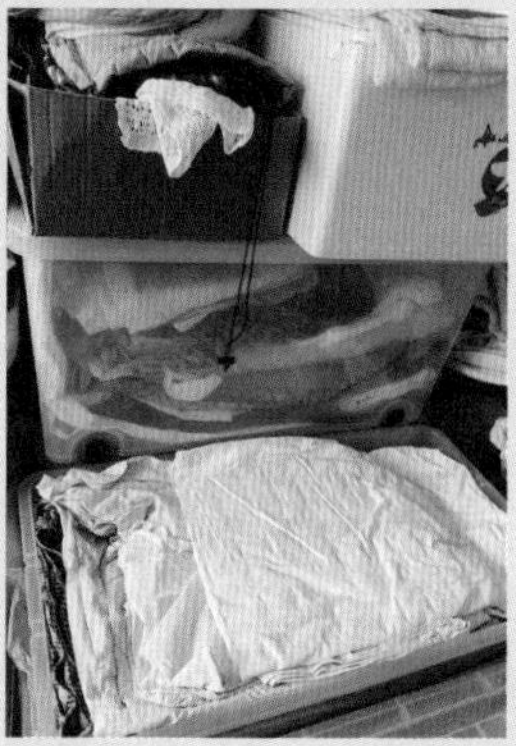

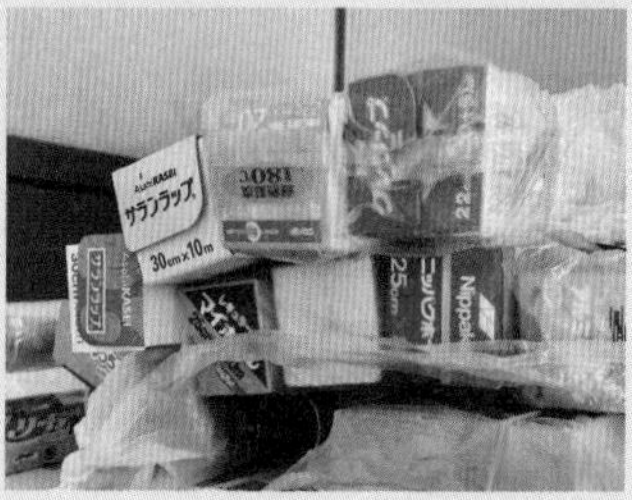

ストック品であふれかえった母の家。プラスチックケースの中にはぎっしりと不用品が入っていました。

片付けていたら出てきた母の終活準備グッズ。いろいろ考えてくれてたんだなと、時にはじーんとすることも。

「味噌汁の冷めない距離」で毎日見守り

介護といっても大したことはしていません。毎朝、自分の朝食作りのついでに母の分も用意。好きなものしか食べない母にタンパク質やビタミンを摂ってほしくて、大豆製品やプロテイン入りの飲み物、野菜たっぷりの味噌汁などを運んでいます。そのついでに片付け、朝の薬の準備、ゴミ出しや郵便チェックをして、今日の予定をメモして渡します。3食は作れないので、母の昼食と夕食はパンやフルーツなどの偏った食事に。せめて朝だけでもと、栄養のあるものを作っています。

仕事が終わったら、また母の家に立ち寄って安否確認。高齢者の多い団地では、たびたび行方不明者の放送がスピーカーから流れるので、「もしかして」と心配なんです。帰るのが遅いときも多いので母はほぼ眠っていますが、スースー寝息を立てている姿を見ると一安心。母が起きていたら雑談や部屋の片付けをして帰ります。毎日のことなので長居はせず、ササっと引き上げています。

休日は普段はできない掃除や片付けをしたり、朝6時から団地近くの公園でやっている太極拳に一緒に参加したりと母をサポートしつつ、自分も楽しんでいます。ただ、これまでは見守りと困りごとの手助けが中心でしたが、年々できなくなることが増えてきて、この先どうなるかと少し不安も。

同居ではなく近くで別居という選択は、長年ひとり暮らしを続けてきた親子にとってちょうどいい。味噌汁の冷めない距離が、お互い自分の時間も確保できてベストだったと思います。

他人にしかできない介護もある

介護について勉強することは老後の不安を減らすことにつながるはずという思いもあり、介護の道に進みました。専門学校で学んだことは介護技術だけではありません。介護する人・される人の気持ちに寄り添って心をラクにする対応や、その人らしさを大切にすること。また、社会全体で高齢者を見守る、支えるという視点を知りました。

母の認知機能が衰え始めたとき、ためらわず地域包括支援センターに相談できたのも学校で学んだおかげ。ひとりで抱え込みすぎて介護虐待や介護殺人につながる事例も多くあり、頼れるものは頼って助けを求めることで、介護される人もする人もラクになると知ったのです。母の場合は本人が納得するまで時間がかかり、介護認定がなかなか受けられずやきもきしましたが、今は週2回のデイサービスと週1回の訪問介護を利用しています。

介護の仕事をしているなら自分でやれば、と思う人もいるかもしれませんね。でも実際は難しいもの。親の老化を冷静に受け止められないのです。親の苦しむ姿を見て自分も苦しくなったり、元気なころの親のイメージを捨て切れなかったり、自分の親だからこそ客観的に対処できない場合も。他人だからこそうまくいく介護もあると思います。

私の前では頼りないけど、人前ではちゃんとしている母。母にとっても私以外の人とのつながりはいい息抜きになります。社会との接点があるのはとてもいいことで、利用できるサービスはどんどん利用して、親子ともに孤立しない介護を目指しています。

これまでの人生の中でできないことも多く、人から助けられたことが何度もあったからこそ、助けを求め、その分しっかり感謝もしようと思うように。助けてもらうし、助ける側にもなる。お互いさまがいいんですね。

介護のお金の備え方

親の介護にかかるお金は、基本的には親のお金から賄うようにしています。年金収入だけで資産もわずかな母、先の見えない介護費用を私が支払い続ければ、こっちの家計が破綻します。長生きはありがたいけれど、費用の問題には頭を悩ませています。

お金の問題は親子でも話しづらいテーマ。幸い(!?)団地に引っ越したときの私は貯蓄があまりなく、「できることしかできないよ」と話しました。母の希望は、できれば最期の時まで団地で暮らすこと。要介護3ぐらいまでは在宅で居宅サービスを利用し、その後は特別養護老人ホームなど公的な施設を利用するつもりです。

母らしく人生を終えるために手助けはしたいけれど、限界もあります。介護費や医療費は年々増え続けるため、いざとなったらある程度支払える準備もしておこうと、毎月2万円の積み立てを始めました。これは私の安心代。なにかあったときに積み立て額で収まれば、「想定内」と気持ちよく支払えます。

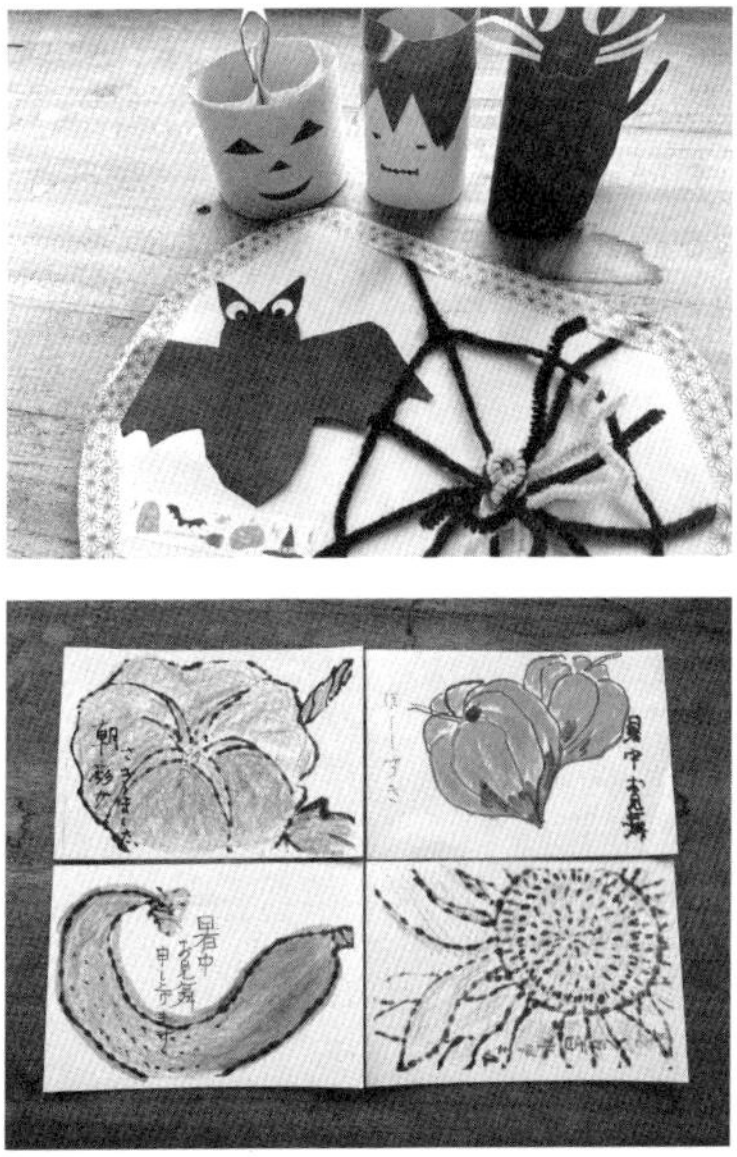

母がデイサービスで作った飾り物たち。暑中お見舞いは、母の優しい文字と母らしい色合いが素敵で永久保存版です。

母と一緒だから、広がる世界

人懐っこく社交的な母には団地仲間がいっぱい。引っ越した当初から「○○さんの娘」として可愛がってもらっています。団地のイベントや、母の日課である公園での早朝太極拳に私もときどき参加しているので、知り合いも増えました。澄んだ空気の中で行う太極拳は気持ちよく、私も老後は太極拳を日課にしようと思っています。

母とは、いつもは口ゲンカばかりなのに、趣味の話をしているときだけは盛り上がります。母も着物好きで、以前は2人で着物を着て出かけることもありました。「この着物にはどの帯を合わせようか」「帯留め素敵！」など、年齢を超えた女子トークも炸裂し、親子の距離も縮まった気がします。今は2人で着物を眺めるだけ。それでも着物に触れることが楽しいようです。

植物を育てることが脳にもよいと聞き、団地の土地を無料で借りられる制度に申し込みました。もともと土いじりが好きな母。毎日の水やりが日課になり、「今年はチューリップがきれいに咲いたね」とのんきにおしゃべりができるのも、この団地に引っ越したからこそ。

母がいたから団地に引っ越し、一緒に趣味を楽しみ、介護という未知の世界に飛び込めたのかも。人生なにが幸いするかわかりませんね。

ケンカは毎日のようでもそれでいいんです

親の世話をするために近くに引っ越したというと、仲のよい孝行娘のように思われますが、全然違います。子どものころから気の合わない親子でした。価値観の違いから衝突することが多く、最近は認知機能の衰えもあってさらに悪化。口ゲンカは日常茶飯事です。

お互いに遠慮なく好き勝手を言い合い、「もう知らない」とケンカ別れになることもしばしば。そんなとき、別居を選んで本当によかったと思います。ひとりになって気持ちが落ち着くと、「言いすぎた」「そういう考えもあるのか」と歩み寄ることができ、やがて少しずつ親のことを理解できるようになりました。

「ケンカするほど仲がいい」と言いますが、本音で話せるからこそ仲が深まるのだと思います。対等な立場で意見を言い合えるうちは、ケンカも悪くない気がしています。

仕事から帰ると、母はほぼ寝ています。最近、母の家の玄関に包みが置かれていて、開けると和菓子が。「一緒に食べよう」と震えた文字で書かれたメモがあり、帰りを待ってくれていたのだと思うと、嬉しい気持ちがあふれました。美味しいものがあると、自分の分まで子に与える母でした。認知機能が落ちたころからそれがなくなり寂しかったけれど、本質は変わっていなかった。

お金は使えば減る。なくなったらおしまい。愛情も減る。減ったように見えることもある。でもゼロにはならないのかな。

第6章

ちょっと早めの老い支度

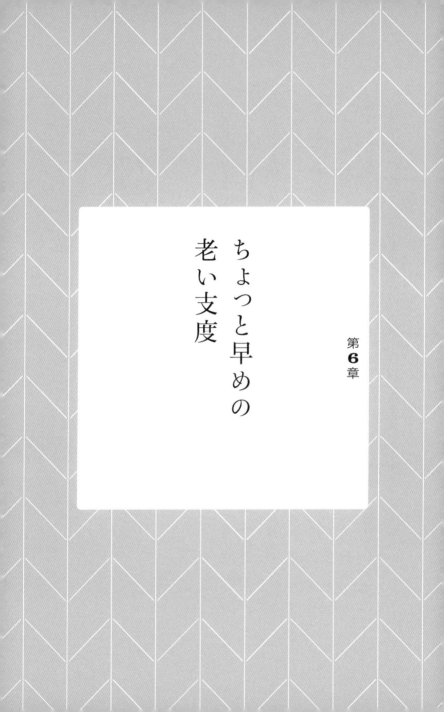

70代、80代のために今だからできること

50代から「老い支度ノート」を作ったり、「月12万円生活」を実践したりと、ちょっと早めの老い支度をしてきました。きっかけは、やはり母の介護。母の姿に自分の老後を重ねたとき、母には私がいるけれど、おひとりさまの私にはあれこれ手伝ってくれる子どもはいない。自分である程度準備しておかないと、身内や他人に迷惑をかけることになります。「立つ鳥跡を濁さず」が理想です。

それに、体力や気力、判断力のある今なら、人生のやり残しに気づいてもリカバリーできそう。最新家電の使い方やスマホやネットの活用術も学び続けていたら70代、80代でもなんとかなるのでは。「月12万円生活」や、後述する「これか

らのレシピ」といったいい習慣も、今からやれば定着できそうです。

50代になって、自分の体調や環境が大きく変わりました。この先、給料も右肩上がりではなくなるし、定年退職された方を送り出すたび、自分がその年齢に近づきつつあることに不安を感じます。

そんなふうに不安を感じたら、とにかく動くようにしています。うまくいくことばかりじゃないから、トライアル&エラーを繰り返すためにも、早く始めた方がいい。でも、悲観的に取り組んでいるわけではないんですよ。

「老い支度」とは、この先どう生きるかを考えながら準備すること。自分と向き合い、楽しみながらじっくり進めることで、今の生活も老後もよりよくできる。現在も未来もワクワクしながら生きていきたい。私、欲張りなんです(笑)。

健康グッズはリビングのお供

以前はジムに通っていましたが、コロナ禍に足が遠のき、節約もあってやめました。今は、踏み台昇降器や筋膜はがしローラー、ストレッチチューブ、トランポリンなど、いろんな健康グッズをテレビを見ながら使っています。その日の気分や体調でグッズを替えるのが飽きずに続けるコツ。

体を使う仕事になって、腰や下半身がとくに疲れるようになりました。筋膜はがしローラーはふくらはぎに当てて、ゴロゴロ転がすだけでも気持ちいいので重宝しています。エレベーターなしの団地生活は足腰が重要と、いたわりつつ鍛えています。

1か月でプラス10kg！
激太りの原因は〝更年期〟

20代後半から体重はほぼ一定で、50代になるまで変わりませんでした。それが前職を退職した1か月後には10kg増、驚愕でした。確かに家でゴロゴロしてはいたけれど、こんなに増えるなんて！

50代前後に手の痺れや膝の痛み、股関節の違和感などさまざまな症状が現れ、病院で検査をしましたが、「更年期障害ですね」と薬も処方されず。体重増も更年期症状のひとつなんだとか。さらに疲れやすさやのぼせも加わり、その後何度も別の病院に行ってみたものの、全て「更年期」で片付けられ、自分は一体どうなってしまうのかと不安になりました。

そんな不安を減らすため、まずやったのは「エクオール検査」。エクオールとは女性ホルモンと似た働きをする成分で、大豆イソフラボンが腸内細菌の力で変換されて作られます。検査の結果、その腸内細菌を持っていることがわかり、以降は積極的に豆腐や納豆、味噌などの大豆製品を摂るようにしています。

次に、サプリメントを試しました。人によって効果に差があり、たとえば、「命の母」（小林製薬）は効果がありませんでしたが、「エクエル」（大塚製薬）で調子がよくなったので今も愛用しています。サプリ代は私にとっては高額ですが、体調を整えるためには必要な出費なので惜しみません。

体調を崩して働けなくなると収入が減り、出費もかさみます。病気の予防や健康に生きていくために努力をすることは、お金の倹約にもつながるので、健康的な生活を心がけ、よいと聞いたことは試すようにしています。

地震、突然の入院……おひとりさまこそ抜かりなく

幼いころ、怖いもののたとえと言えば「地震、雷、火事、親父」でしたね。たしかに怖い。でも、家族が守ってくれるから怯えているだけでなんとかなりました。おひとりさまの今は誰も守ってくれない、むしろ私が母を守らねば！

玄関にはいつでも母を助けに飛び出せるように、防災リュックとヘルメット、懐中電灯を常備しています。また、突然の入院に備えて、入院グッズをスーツケースにスタンバイ。誰かに持ってきてもらうときもこれなら明確です。こんなに準備するのは、いざというときテンパる性格だから(笑)。不測の事態にオロオロする未来の自分を助けるためなんです。

防災リュックの中身は季節ごとに点検・入れ替え。実は写真のロウソクもインテリアと見せかけて防災用です。

気が動転したときに備えて、入院準備グッズのメモも作ってあります。使う機会がないことを祈りつつ。

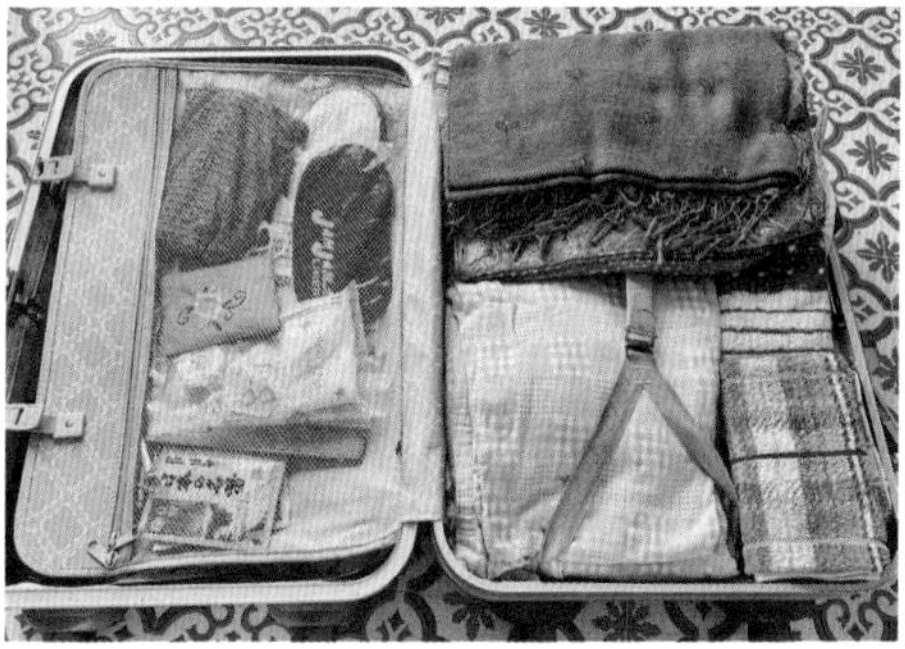

簡単・安全・健康的な「これからのレシピ」

料理上手とは言えないけれど、料理好きで食いしん坊な私。ネットや料理本を参考に、レシピノート「これからのレシピ」に書き加えています。

老後に備えた「これからのレシピ」のポイントは3つ。1つ目は、簡単であること。基本は10分以内でできるものを集めています。忙しい毎日、手の込んだ料理を作る暇はないし、徐々に認知機能が衰えていくことを考えると、簡単・手軽・時短が大切。

2つ目のポイントは、安全であること。高齢者によくある火の消し忘れや服への引火が怖いので、電子レンジ加熱でできるレシピや、包丁いらずのレシピに注目しています。

3つ目のポイントは、健康にいいこと。50代になってからの健康診断で悪玉菌増、糖尿病、脂質異常などで黄信号が出ました。我が家の常備菜「酢玉ねぎ」は、血糖値の上昇を抑え、血圧を下げる効果がある酢と玉ねぎの組み合わせで◎。テレビで見かけた栄養情報や健康レシピも書き加えています。

もちろん、お金がかからないことも重要。特殊な調味料を使うものはNG、食材は2〜3品で。キャベツ一玉使い切りレシピなどもメモして食材を無駄にしないようにしています。レシピは差し替え可能なリングノートにまとめ、そこに収まる分しか増やしません。

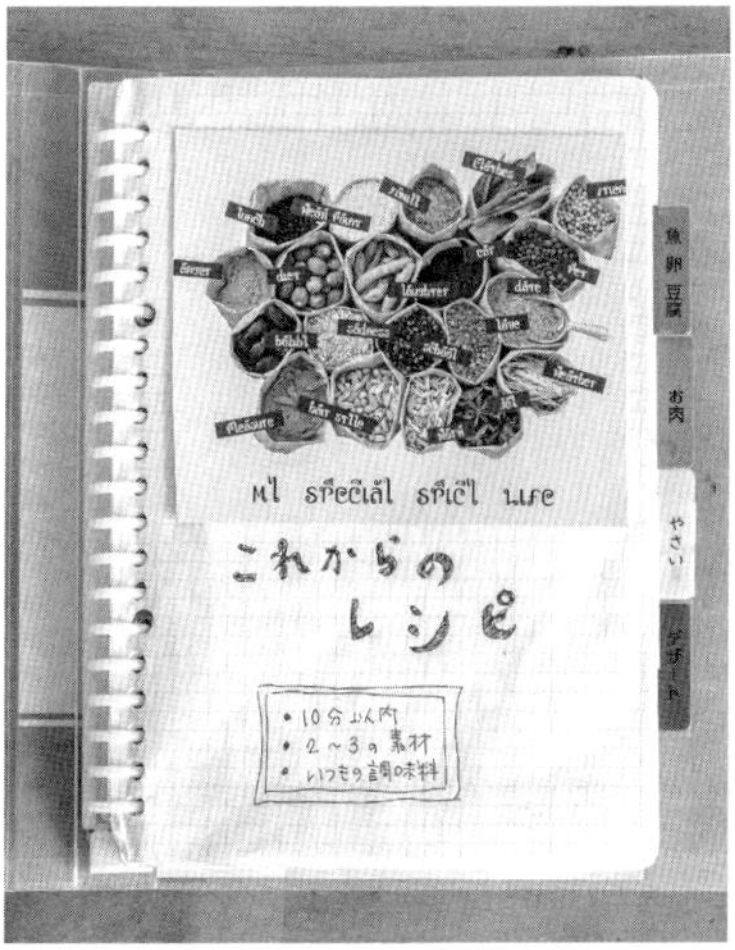

(厚揚げのオイマヨチーズがけ)

【材料(1人分)】

厚揚げ…半丁
オイスターソース…大さじ1
しょうゆ…小さじ1
卵…1個
マヨネーズ、ピザ用チーズ…各適量

【作り方】

一口大に切った厚揚げを耐熱容器に入れ、オイスターソース、しょうゆとあえる。真ん中を空けて卵を割り入れ、菜箸で黄身に2～3か所穴を空ける。マヨネーズをかけ、ピザ用チーズを散らし、電子レンジで2分ほど加熱する。ベランダのイタリアンパセリを散らす。

（　切り干し大根サラダ　）

【材料(2人分)】

切り干し大根…ひとつかみ
ツナ缶(ノンオイル)…1缶
ごま油…大さじ1
豆苗、ごま、のり…各適量

【作り方】

水で戻した切り干し大根を軽く絞ってボウルに入れ、ツナ缶とあえる。リボベジで育てた豆苗をキッチンバサミで適量切って加え、ごま油大さじ1であえる。好みでごまやのりを散らす。切り干し大根の戻し汁は煮物や味噌汁に使えます。

火も包丁も使わず安心！

焼かずにできてラクチン

（　レンチンフレンチトースト　）

【材料(2人分)】

フランスパン…3切れ
卵…1個
牛乳…100mℓ
バター…5g
冷凍ミックスフルーツ、バジル、
　いちごジャム、はちみつ…各適量

【作り方】

耐熱容器に卵と牛乳を入れ、混ぜる。フランスパンを一口大に切って加えたらバターをのせ、ラップをして電子レンジで2分30秒加熱する。いったん様子を見て、加熱が足りなければ10秒ずつ足す。冷凍ミックスフルーツやいちごジャム、はちみつなどお好みで調味し、ベランダのバジルを飾る。

マツモトキヨシで見つけた「グラッド プレス＆シール マジッククラップ」。手で押さえるだけで密封でき、使う分だけ切り分けられるので便利です。

ブログが私の〝終活〟です

ブログ「団地日記～築50年越えの団地暮らし」を始めたのは、２０２０年のこと。当初は、自分の住む団地に空き室が多く、こんなに魅力的なのにもったいない、と宣伝隊長のつもりで書いていました。

そのうちに、団地に移った経緯や、母との日々、おひとりさまの不安なども書くようになって、読んでくださった方から応援のコメントや「私も母のお世話をしています」といった共感のコメントを頂けるように。介護のアイデアを頂くこともあって、温かさと心強さを感じています。

考えてみれば、このブログは終活の一環でもあります。私にとって終活とは人生の棚卸しのようなもの。やってきたこと、できること、できないこと、やりたかったことを見据えて、どうしたいのかと自分に問う。今感じていることをブログに綴ることで考えを整理していく——。

「終活」といっても、死に向かって活動するのではなく、この人生が終わるその日まで、どう快適に「生きる」かの準備をすることだと捉えています。

ほかに取り組んでいる終活は、資産整理。使っていない口座やクレジットカードは解約し、保険や証券などの目録作りをしています。写真やもう使っていないSNSなど、デジタルデータの整理も進行中。苦手な人の連絡先を削除するなど、シンプルな人間関係作りも今のうちから徐々に進めています。

老後に対処できなくなりそうなことへの手当てはもちろんですが、老後に「できること」「したいこと」への取り組みも忘れません。年をとってもできそうな趣味を今から探したり、集めた着物をリメイクするのもいいかもと、「お楽しみ」の種まきをしています。

第7章

おひとり不安のほぐし方

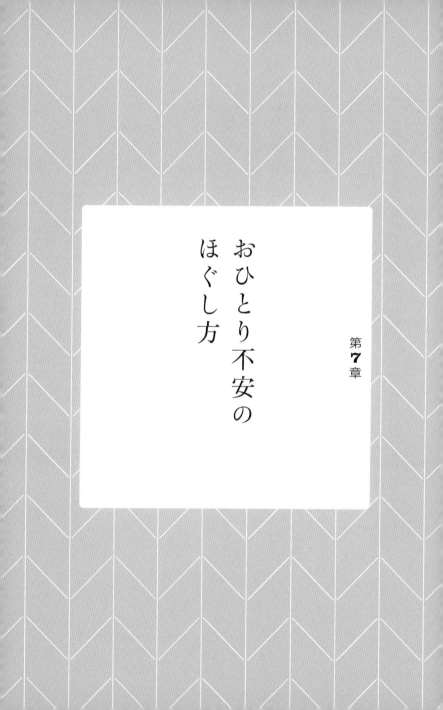

〝人生終わった〟離婚した私に友達が教えてくれたこと

離婚したとき派遣社員だった私は、派遣会社に正社員の採用を相談するも、「その年齢じゃ無理」「このまま派遣社員で時給を上げていった方がいい」と言われ、意気消沈。いつも私を気にかけてくれていた親友に「正社員になれないかも。もう私の人生終わったみたい」とこぼしたら、「ちゃんちゃらおかしい」と一喝されたんです。「なぜこの先、正社員になれないと思い込んでいるのかわからないし、なんで人生が終わりだと思っているかもわからない。あなたの人生はそんなことで終わらない!」と笑い飛ばしてくれました。

その言葉を信じたからこそ、今があります。友人の言葉に助けられました。

一難去ってまた一難、人生なんてそんなものですね。私の人生だけが特別なわけではなく、多くの人がホッとしたのも束の間、また問題が起きるものなのではないでしょうか。

正社員になり生活も落ち着いたころ、今度は母からのＳＯＳで引っ越し。その後、転職をすることになったときにも、友人は「心配なんてしないよ、きんのなら大丈夫」といつも味方でいてくれました。ときには耳の痛いこともストレートに言い、自分の考えをハッキリ伝えてくれる友は貴重な存在です。

友達が教えてくれたのは、「どうにもできない状況は笑い飛ばす」こと。笑ったらちょっと元気になれる。それと、「相手を変えようとせず信じる」こと。自分を信じてくれる人がいると思うと、不思議とパワーが湧いてきます。問題が起きてもネガティブになりすぎず、「大した問題じゃない」と捉えて動けば、案外うまくいくことも。「笑顔」と「信じる力」、その威力は絶大です。

やみくもな不安は書き出すことで消えていく

ノート魔・メモ魔な私。不安はいつも「書く」ことで解消してきました。

ボロボロの団地に移ることになったときには、「リノベノート」で夢のお城を具体化させて気持ちを前向きにし、老後が不安になったときには「老い支度ノート」になにが不安か、どう対処するべきかを書き出して、「なんとかなる」という自信を積み上げました。

考えてみるとブログだって、「書く」セラピーの一環と言えるかもしれませんね。不安とその解決策を文字で「見える化」することで、不安の正体がわかり、「大丈夫」と自分の心を落ち着かせています。

写真左上から時計回りに「老い支度ノート」「家計のいろいろ」「これからのレシピ」「DIY」「陶芸」「読書メモ」「トラベルノート」「リノベノート」。我ながら本当に書くことが好き（笑）。

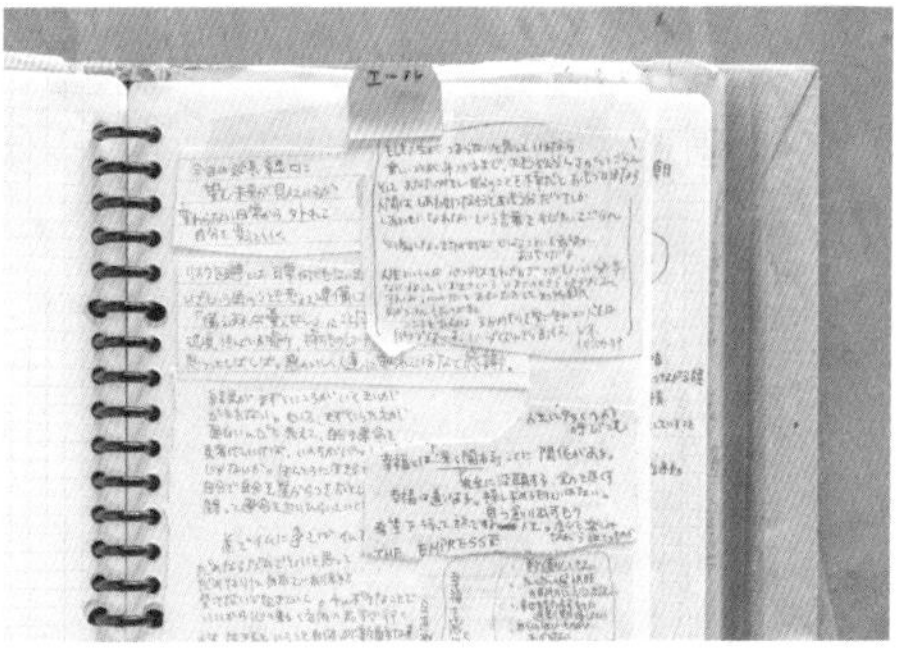

歴代の手帳に書き留めたエールを、「老い支度ノート」に切り貼りしています。私のパワーの源です。

言葉にいつも助けられてきました

「老い支度ノート」には「エール」という項目があります。本や映画の中で感銘を受けたフレーズや、友達からもらった言葉を集めたオリジナル名言集です。たとえば、「深刻な時間より楽しい時間の方がたくさん学べる」は心配性な自分への戒めとして。苦しいときでも楽しむことを忘れない、笑顔で過ごす方が、より得るものがあるはずと思っています。辛いとき、よく心で呟いていたのは、「夜明け前が一番暗い」「希望は探し始めた者の前に現れる」。「死の前の後悔ベスト3」は、雑誌で見たアンケート。後悔のない日々を生きよう、今を大切にしようと思ったので書き留めました。

深刻な時間より
楽しい時間のほうが
たくさん学べる

夜明け前が
一番暗い

希望は探し始めた
者の前に現れる

「死の前の後悔ベスト3」

1. 自分のために生きればよかった
2. 仕事をやりすぎた
3. 気持ちを伝えればよかった

人生の傍らにいつもある本

本は私にとって、人生の心強いパートナーです。

『アルケミスト 夢を旅した少年』は、離婚し、無気力になった私に親友がくれた本。羊飼いの少年が宝探しの道中にさまざまな人生の知恵を学んでいくお話で、生きる上でなにが大切か教えてくれます。岡本太郎の『自分の中に毒を持て』は、「ダメならダメなりに生きればいい」など、ありのままに生きていいんだと少し気持ちがラクになりました。坂口安吾の『堕落論』は、生真面目で頭でっかちな自分をほぐしてくれる一冊です。そのほか、茨木のり子さんの詩や樹木希林さんの言葉も心に響きました。

左から『自分の中に毒を持て』（岡本太郎／青春文庫）、『アルケミスト 夢を旅した少年』（パウロ・コエーリョ／角川文庫）、『堕落論』（坂口安吾／角川文庫）。ページを開けば、色あせたマーカーと共に、悩みの中にいた私の痕跡が。どれも苦難を一緒に乗り越えた、世に1つだけの本。

おひとりさま生活をとことん楽しむ

「おひとりさま」というと、「ひとりぼっちで寂しい」「孤独」といったマイナスイメージがありますが、時代も変わりさまざまな理由でおひとりさまになる人が増えました。核家族化が進み、生涯を通して一度もおひとりさまにならないという人の方が稀な時代、おひとりさまをとことん楽しもうと思っています。

私は、おひとりさまにはこんなメリットがあると感じています。

①時間・お金が自由に使える
②気を遣わなくていい
③自分に向き合える

ひとり暮らしに慣れたらストレスが減った上に、自分の本心ややり残したこと、やってみたいことに気づき、人に感謝することも多くなりました。ひとり暮らしのコツを掴んだのか、結婚していたころよりもいきいき楽しそうと友人に言われます。結婚の経験は、私の孤独の概念を変えました。一緒にいるのに孤独を感じる辛さは、ひとりで感じる孤独の何倍も大きくて、生きる力を消耗させます。あの孤独に比べたら、少しの寂しさなんてへっちゃら。

でも、この先もおひとりさまと決めたわけでもありません。先のことはわからないので、ひとりで生きる覚悟を持ちつつ、おひとりさまもよし、誰かと暮らすのもまたよし。そんなふうに考えています。

ひとり暮らしを楽しむために大切なのは「健康」「お金」、そして「仲間」や「社会とのつながり」。これは50代の今だけでなく、老後を楽しむためにも重要な要素だと思っています。

チャレンジは心を老けさせない

50代からは人生の後半戦なので、今までやってこなかったことや自分では無理だと諦めたこと、興味のあることにチャレンジしています。

たとえばフラフープ。小学生のころは下手でしたが、再チャレンジしたら200回以上回せるようになり、「やればできる」と自信になりました(笑)。今はマジックを練習していて、できるようになったら施設のお年寄りを楽しませたいと思っています。引っ越し前にやっていた燻製作りも再チャレンジ中。いろいろなことに挑戦するのが楽しくて、おひとりさま＝孤独というわけではないなと感じます。

The Magic
The Magic
BICYCLE
PLAYING CARDS

最終目標は、近所の世話焼きばあちゃん

私の人生は変化の連続でした。結婚に離婚、マンションを購入したかと思うと売りに出して団地を購入、引っ越しも転職も数知れず。それでもなんとかなってきたのは、いつも誰かが助けてくれたから。人の優しさが身にしみます。

不安なときは自分のことばかり考えていました。でも、人のことを考え始めたら、見える世界が変わりました。「自分を元気づける一番よい方法は、誰か他の人を元気づけてあげることだ」（マーク・トゥエイン）という言葉のように、励ましていたはずが、自分の方が勇気をもらう。巡り巡って自分が助けられている気がします。

いろいろあった人生の中で、やり遂げたいことは「恩返し」。というと、きれいごとに聞こえそうですが、人生を振り返ったときに収支が合わないと思ったのです。自分が受けた恩に対して、返した恩は圧倒的に少なかったので、このまま死んだら地獄に堕ちてしまいそう(笑)。介護の仕事を選んだのは自分の生活のためと、ちょっぴり恩返しするため。恩返しといっても大それたことはできません。でも、たとえばちょっとした手助けや声かけなど。それだけでも私は十分救われてきたから。自分が無理なくできる範囲で相手のために動くことを大切にしています。

老後の目標は、「近所の世話焼きばあちゃん」。「あの人ちょっとお節介だけど、根は悪くないのよ」と言われたら、最高です。人見知り(!?)な私にはハードルの高い目標ですが、人はいくつになっても変われるはずと、日々精進しています。

おわりに

母の1本の電話から、わずか5年で生活が激変。50代でこんなことになるとは、夢にも思いませんでした。

老後の夢は儚く消え、穏やかな生活も奪われました。そんな中で私が唯一できたのは、「流れに身を任せて今を楽しむ」こと。一見マイナスに見えることの中にも、探せば楽しみは見つけられるし、ピンチは多いけれど、悪いことばかりも続きません。準備は怠らず、でもどうにもできないときは、楽しみながらやり過ごすのも手だと実感しました。

もともとが心配性で引っ込み思案、面倒なことから逃げるタイプで

した。窮鼠猫《きゅうそ》を噛む的な行動力は、人生のピンチに直面してたまたま出たパワーで、自ら進んで動いたわけではありません。

平凡な私に起こった出来事は、誰にでも起こり得ることだと思います。激動の5年間を振り返り思うのは、人は何歳になっても変われるし、変わっていくものだということ。何事も決めつけず柔軟に、「あれもよし、これもよし」と考えて生きていく方が楽しいと痛感しています。

ピンチを前向きに楽しむことができたのは、うまくいくと信じ、心の支えとなってくれた数少ない友人や家族、ブログで応援してくださるみなさまのおかげです。本を書きながら人生を振り返り、おひとりさまではあるけれど、孤独ではなかったことに気づけました。私らしい暮らしの基盤は人とのつながり、この場をお借りしてみなさまに感謝を申し上げます。

たまたまこの本を手に取ってくださった方、これも出会いです。少しでもお役に立つ部分があったら幸いです。私と出会ってくださり、ありがとうございます。

「本にしてみては」とお声をかけてくれた扶桑社の編集さんをはじめ、この本の出版には多くの方がお力を貸してくださりました。みなさまがいなければ、この本も存在しません。大変お世話になりました。

そしていつも私を翻弄し、私の人生に多大なる影響を及ぼし続ける天真爛漫な母へ。私の名前「きんの」は、逆から読むと「のんき」。のんきな母の一言から生まれたブログが大きく成長しました。母の存在は時に迷惑だけど(!?) 母がいなければ私の人生はもっと穏やかでつまらなかったはず、ケンカしてばかりでごめんね。

54歳おひとりさま。
古い団地で見つけた
私らしい暮らし

発行日　2023年10月31日　初版第1刷発行

著　者　　きんの
発行者　　小池英彦
発行所　　株式会社 扶桑社
〒105-8070　東京都港区芝浦1-1-1
浜松町ビルディング
電話 03-6368-8873（編集）
03-6368-8891（郵便室）
www.fusosha.co.jp
印刷・製本　株式会社加藤文明社

ISBN: 978-4-594-09565-9

デザイン　葉田いづみ
校正　小出美由規／聚珍社
編集協力　清 繭子
編集　佐藤千春